D1747494

MIX
Papier aus verantwortungsvollen Quellen
Paper from responsible sources
FSC® C105338
FSC
www.fsc.org

Xenia Bade

Homosexualität und Schule

Unterstützung homosexueller Jugendlicher im Schulalltag

Diplomica Verlag GmbH

Bade, Xenia: Homosexualität und Schule: Unterstützung homosexueller Jugendlicher im Schulalltag. Hamburg, Diplomica Verlag GmbH 2014

Buch-ISBN: 978-3-8428-9849-3
PDF-eBook-ISBN: 978-3-8428-4849-8
Druck/Herstellung: Diplomica® Verlag GmbH, Hamburg, 2014

Bibliografische Information der Deutschen Nationalbibliothek:
Die Deutsche Nationalbibliothek verzeichnet diese Publikation in der Deutschen Nationalbibliografie; detaillierte bibliografische Daten sind im Internet über http://dnb.d-nb.de abrufbar.

Das Werk einschließlich aller seiner Teile ist urheberrechtlich geschützt. Jede Verwertung außerhalb der Grenzen des Urheberrechtsgesetzes ist ohne Zustimmung des Verlages unzulässig und strafbar. Dies gilt insbesondere für Vervielfältigungen, Übersetzungen, Mikroverfilmungen und die Einspeicherung und Bearbeitung in elektronischen Systemen.

Die Wiedergabe von Gebrauchsnamen, Handelsnamen, Warenbezeichnungen usw. in diesem Werk berechtigt auch ohne besondere Kennzeichnung nicht zu der Annahme, dass solche Namen im Sinne der Warenzeichen- und Markenschutz-Gesetzgebung als frei zu betrachten wären und daher von jedermann benutzt werden dürften.

Die Informationen in diesem Werk wurden mit Sorgfalt erarbeitet. Dennoch können Fehler nicht vollständig ausgeschlossen werden und die Diplomica Verlag GmbH, die Autoren oder Übersetzer übernehmen keine juristische Verantwortung oder irgendeine Haftung für evtl. verbliebene fehlerhafte Angaben und deren Folgen.

Alle Rechte vorbehalten

© Diplomica Verlag GmbH
Hermannstal 119k, 22119 Hamburg
http://www.diplomica-verlag.de, Hamburg 2014
Printed in Germany

1.	**Vorwort**	**5**
	1.1　Was Sie von diesem Buch erwarten können	6
	1.2　Begriffsannäherungen und -abgrenzungen	7
2.	**Jugend im Kontext**	**9**
	2.1　Veränderte Lebenswelten	10
	2.2　Pubertäre Veränderungen	11
	2.2.1　Gehirnentwicklungen	11
	2.2.2　Hormone	12
	2.3　Entwicklungsaufgaben	13
	2.3.1　Aufbau von Peer-Beziehungen	15
	2.3.2　Entwicklung von Identität	15
	2.3.3　Ausbildung einer Geschlechtsidentität	16
	2.3.4　Umgang mit Sexualität	17
3.	**Homosexualität**	**19**
	3.1　Häufigkeit	20
	3.2　Geschichtlicher Hintergrund	21
	3.2.1　Antike	22
	3.2.2　Mittelalter und beginnende Neuzeit	23
	3.2.3　Zeitalter der Aufklärung	24
	3.2.4　Das späte 19. und frühe 20. Jahrhundert	25
	3.2.5　Zeit des Nationalsozialismus	27
	3.2.6　Nachkriegs- und 70er Jahre	29
	3.2.7　1980er bis heute	31
	3.3　Gegenwärtige Diskriminierungen	33
	3.3.1　Homophobie und Heterosexismus	33
	3.3.2　Antihomosexuelle Gewalt	34
	3.3.3　Internalisierte Homophobie	35
	3.3.4　Doppeldiskriminierung von Lesben	36
	3.4　Folgen von Homophobie und Heterosexismus	39
	3.4.1　Fehlende Modelle	39

	3.4.2	Fehlende Informationen	40
	3.4.3	Mangelnder Selbstwert	40
	3.4.4	Substanzmittelmissbrauch und Psychosomatik	41
	3.4.5	Depression und Suizidalität	41
3.5		**Coming-Out**	**42**
	3.5.1	Die 6 Phasen des Coming-Outs nach Cass	43
	3.5.2	Coming-Out im Jugendalter (Zahlen)	46

4. Lebensraum Schule — 48

4.1		**Schule und Homosexualität**	**50**
	4.1.1	Homosexualität in Schulgesetzen und Lehrplänen	50
	4.1.2	Homosexualität in Unterrichtsmaterialien	53
4.2		**Homosexualität in Schulklassen**	**54**
	4.2.1	Einstellungen von Mitschülerinnen und Mitschülern zum Thema Homosexualität	55
	4.2.2	Diskriminierungserfahrungen in der Institution Schule	58
4.3		**Unterstützungswünsche homosexueller Jugendlicher**	**59**
4.4		**Homosexuelles Schulpersonal**	**60**

5. Handlungsmöglichkeiten von Sozialpädagogik — 63

5.1		**Beratung**	**65**
	5.1.1	Grundlagen	66
	5.1.2	Erkennen im *Prä-Coming-Out*	69
	5.1.3	Begleiten des *eigentlichen Coming-Outs*	71
	5.1.4	Verstehen im *integrierten Coming-Out*	73
5.2		**Projektarbeit und Unterrichtseinheiten**	**75**
	5.2.1	Lernziele	76
	5.2.2	Methoden	77
	5.2.3	Beispielübungen	87
5.3		**Schwul-Lesbische Aufklärungsprojekte**	**81**
	5.3.1	Lernziele	82
	5.3.2	Methoden	83

5.3.3	Ablauf am Beispiel des Projektes *soorum*	83
5.3.4	Evaluation eines lesbisch-schwulen Aufklärungsprojektes	86
5.3.5	Kritik an lesbisch-schwulen Aufklärungsprojekten	87

6. Zusammenfassung   **89**

Quellenverzeichnis   **91**

1. Vorwort

„So kann sie sein, die Jugend. Sie kann schön sein. Sie kann eine Zeit der Leidenschaft sein. Aber sie kann auch zu einer Zeit der schweren Krisen werden, der existenziellen Bedrohung, der Neurosen, was Sie wollen. Sie kann beängstigend sein" (Strauch 2003: S. 313).

Die eigene Homosexualität herauszufinden ist oft beängstigend. Gleichgeschlechtlich Orientierte treffen mit ihren aufkeimenden Gefühlen auf eine heterosexistische Welt, in der sie auf Ablehnung stoßen und viele verletzende Situationen erleben. Außenstehende verstehen unter „Diskriminierungen" vermutlich zunächst offenes diskriminierendes Verhalten wie Beschimpfungen, Beleidigung, Nachreden und schlimmstenfalls Gewaltanwendungen. Sicher kommen diese Formen auch vor, doch Berichte Homosexueller weisen vor allem auf subtile Diskriminierungen hin. Diskriminierung ist weitgehend gesellschaftlich geächtet und gerade das engere Umfeld wird es selten wagen, direkte Ablehnungen zu formulieren. Doch auch die Auseinandersetzung mit Homosexuellen selbst wird nicht gesucht. Denn homosexuelle Orientierungen sind auch, wenn sie bei anderen beobachten werden, häufig angstbesetzt. In dieser schwierigen Zeit sind gerade homosexuell orientierte Jugendliche oft auf sich allein gestellt. Viele verdrängen ihre Homosexualität im Jugendalter, was die Entwicklung einer positiv besetzten sexuellen Identität in dieser Zeit verhindert und so zu einer Ursache von Fehlentwicklungen im Selbstwertgefühl wird, die zu Drogenmissbrauch, Depressionen oder gar zu Suizid führen können. Jugendliche sind deshalb umso mehr auf Zuspruch und Unterstützung von Erwachsenen angewiesen. Entscheidend ist hier vor allem das zunehmend wichtige soziale Bezugssystem Schule. Hier sind Pädagoginnen und Pädagogen, Erzieherinnen und Erzieher sowie Sozialpädagoginnen und Sozialpädagogen gefragt, gegen Homophobie und Heterosexismus an ihren Schulen anzugehen, um auch homosexuellen Jugendlichen Raum zu geben, sich entsprechend ihrer Natur zu entwickeln, und um in der direkten Konfrontation mit dem Thema Homosexualität (zum Beispiel innerhalb eines Beratungsgespräches) hilfreich zu reagieren.

Das nun vor Ihnen liegende Buch soll Pädagoginnen und Pädagogen, doch vor allem Sozialpädagoginnen und Sozialpädagogen sowie Erzieherinnen und Erziehern, die an Schulen mit Jugendlichen arbeiten und umgehen, Grundlagen zum Thema *Homosexualität* und *homosexuelle Jugendliche in der Institution Schule* vermitteln und sie in die Lage versetzen, kritische Punkte, die bei der Angst vor Homosexualität eine Rolle spielen, eindeutig zu erkennen. Vor allem die in Kapitel 5 beschriebenen Handlungsmöglichkeiten sollen aufzeigen, wie gegen Diskriminierungen vorgegangen und wie Diskriminierungen vorgebeugt werden können. Denn bisher gibt es noch kaum ein Bewusstsein für homosexuelle Jugendliche an Schulen, dabei ist dieses Thema so existenziell und es wäre so einfach, homosexuelle Jugendliche zu unterstützen...

1.1 Was Sie von diesem Buch erwarten können

Es darf nicht vergessen werden, dass homosexuelle Jugendliche nicht nur *homosexuell*, sondern auch *jugendlich* sind. Dabei ist die Jugend eine ganz besondere Lebensphase. **Kapitel 2** wird auf ein paar Besonderheiten eingehen. Es ist als Basis-Wissen anzusehen, mit dem ein Eindruck davon gegeben werden soll, in welchen Lebenswelten sich (auch homosexuelle) Jugendliche befinden. Dabei dient das Kapitel 2.3.4 „Umgang mit Sexualität", der homo- wie heterosexuelle Aspekte betrachtet, als Übergang zu **Kapitel 3**, das sich mit Homosexualität befasst. Medizin und Psychologie werden zu Wort kommen, es wird einen historischen Einblick geben, auch mit juristischen Aspekten. Gegenwärtige Diskriminierungen und der Prozess des Coming-Outs werden beleuchtet. **Kapitel 4** skizziert zuerst die Institution Schule und stellt dar, wo und wie das Thema Homosexualität theoretisch und bundesweit im Unterricht vorkommt. Die „Praxis zur Theorie", zum Beispiel was Schülerinnen und Schüler über homosexuelle Mitschülerinnen und Mitschüler denken und wie sie reagieren, finden Sie in Kapitel 4.2 dar. So können wir in **Kapitel 5** zu der Frage kommen, wie Sozialpädagogik an Schulen die Situationen von jungen Lesben und Schwulen verbessern könnte. **Kapitel 6** dient der Zusammenfassung wesentlicher Ergebnisse, aus denen Konsequenzen und Forderungen für Schule und Schulsozialarbeit entwickelt werden.

1.2 Begriffsannäherungen und -abgrenzungen

So klar der Begriff Homosexualität vielleicht erscheinen mag, so schwierig und vielfältig sind Versuche, eine klare Definition zu finden. Auch in Studien werden unterschiedliche Definitionen von und Indikatoren für Homosexualität verwendet.

Ein klarer Indikator scheint homosexuelles Verhalten zu sein. Doch um ein wirklicher Anhaltspunkt zu sein, müssten beide beteiligten Personen hierin ein Erkennen ihrer sexuellen Natur empfinden, was ein homosexuelles Empfinden bedeuten würde. Hier kann also nicht ausschließlich von homosexuellem Verhalten gesprochen werden. Ansonsten würde zum Beispiel eine Frau, die sich selbst klar als heterosexuell bezeichnet und aus einer Neugier heraus mit einer anderen Frau Sex hat, fälschlicher Weise als homosexuell definiert werden. Dieser Ansatz lässt sich auch nicht anwenden auf Menschen, die um ihre Homosexualität wissen, jedoch bisher keinen gleichgeschlechtlichen Sex hatten.

Auch klar scheint der Ansatz zu sein, dass homosexuell ist, wer sich als solches bezeichnet (Selbstidentifikation). Jedoch sind Begriffe wie „homosexuell", „lesbisch" oder „schwul" teils negativ besetzt, so dass sich Menschen, die dies empfinden, nicht mit diesen Begriffen besetzen würden, obwohl sie von anderen Menschen vielleicht als eindeutig homosexuell eingeschätzt werden würden. Außerdem ist bekannt, dass homosexuelle Selbstidentifikationen oft erst einige Jahre nach dem ersten gleichgeschlechtlichem Verhalten oder bewusstem Empfinden stattfinden.

Genauso klar erscheint der Ansatz, homosexuelles Erleben als Indikator für Homosexualität anzunehmen. Dies ist jedoch der am schwersten überprüfbare Ansatz, denn Aspekte wie homosexuelle Fantasien oder Empfinden von Attraktivität des gleichen Geschlechts kommen auch bei heterosexuellen Menschen vor *(vgl. Plöderl 2005: S. 5ff)*.

Es wird klar, dass die Begriffe „Homosexualität" und auch „Heterosexualität" nicht klar von einander unterscheidbare Klassen darstellen, vielmehr muss sie als ein Kontinuum mit vielen Ausprägungen begriffen werden.

Obwohl im laufenden Text von „homosexuellen Jugendlichen" die Rede ist, ist dieses Buch also nicht auf eine genau definierte Zielgruppe anzuwenden. So können Inhalte zutreffend sein für Jugendliche, die um ihre Homosexualität wissen und diese auch leben, aber auch für heterosexuelle Jugendliche, die ihre sexuelle Orientierung noch nicht gefunden haben und sich mit Homosexualität auseinandersetzen, vielleicht sogar homosexuelle Erfahrungen machen, sowie für Jugendliche, die homosexuell sind, dies jedoch noch nicht realisieren konnten oder für bisexuelle Jugendliche in gleichgeschlechtlichen Beziehungen.

Ich habe den Begriff „Homosexualität" für den Titel dieses Buches gewählt, da ich klar benennen möchte, um was es geht und keine „verschleiernden" Ausdrücke benutzen möchte, wie es bei „gleichgeschlechtlich" oder „sexuelle Orientierungen" sein könnte. Des Weiteren habe ich diesen Begriff gewählt um darauf hinzuweisen, dass der Ausdruck „Homosexualität" nicht (zumindest nicht mehr) an ein, nämlich das männliche, Geschlecht gebunden ist. Ich wertschätze mit dieser Wortwahl weibliche Homosexualität, die durch sich selbst nichts über ein bestimmtes Verhältnis von Emotionalität und Genitalität aussagt, wie es ihr der Begriff „lesbische Liebe" als Pendant zu „Homosexualität", als Bezeichnung für Männer, unterstellt.

Der Titel-Begriff „Schule" meint die Jahrgänge der Sekundarstufe I. Dies bringt auch eine Abgrenzung zum Alter der Zielgruppe mit sich. Der Begriff „Jugendliche" bzw. „Jugend" wird in Kapitel 2 näher erläutert. Nicht weiter erwähnt bleiben Einstellungen verschiedener Religionen zum Thema Homosexualität, obwohl sie viel mit diesem Thema zu tun haben. Die Bedeutungen religiöser Grundhaltungen sind so komplex, dass Sie diese sicher besser in anderen Publikationen nachlesen können.

2. Jugend im Kontext

Bevor auf die besondere Situation von homosexuellen Jugendlichen eingegangen werden kann, lohnt es sich, zuerst einen Blick auf die Lebensspanne *Jugend* zu werfen. Denn eventuelle Komplikationen, die Homosexualität mit sich bringen kann, kommen zusätzlich zu denen, die die Adoleszenz in der Regel mit sich bringt, eine sensible Phase, zu der es so viel Alltagswissen bzw. Alltagsvorstellungen gibt, wie zu keinem anderen Lebensabschnitt. Zusätzlich zeigen folgende Darstellungen, in welcher Lebenssituation auch das primäre Umfeld von (homosexuellen) Jugendlichen, nämlich gleichaltrige Mitschülerinnen und Mitschüler, Freundinnen und Freunde, steckt. Beginnen wir hier:

Das Jugendalter ist kein naturgegebener Lebensabschnitt. Beispielsweise bei Naturvölkern existiert keine vergleichbare Lebensphase, hier erfolgt der Übergang von der Kindheit zum Erwachsenenalter abrupt über einen Initiationsritus. Eine Lebensphase Jugend, wie unsere Kultur sie kennt, entstand erst in der ersten Hälfte des 20. Jahrhunderts, in der berufliche Anforderungen so komplex wurden, dass bestimmte Eignungen und Qualifikationen verlangt wurden. Diese Ausbildungsphase, die durch den sich ausbreitenden Wohlstandes auch finanziert werden konnten, war weder als Teil der Kindheit, noch als Teil des erwachsenen Lebens zu sehen *(vgl. Rossmann 2004: S. 21f)*. Zuvor war die Jugendzeit ein Privileg des Bürgertums, das wohlhabend genug war, längere Vorbereitungszeiten auf den Beruf zu unterstützen. Dies galt zu Beginn nur für männliche, später auch für weibliche Jugendliche.

Die allgemeine Schulpflicht garantierte dann ein „Minimum an Jugend" für Angehörige aller Bevölkerungsgruppen. Inzwischen wird die Adoleszenz vollständig durch den Schulbesuch geprägt *(vgl. Hurrelmann 2007: S. 21f)*.

Dennoch ist eine Festlegung des Eintritts- und Austrittsalters nicht ohne weiteres möglich. Im Allgemeinen umfasst diese Phase in etwa die Zeit vom 11. bis zum 22. Lebensjahr, doch wie früh oder spät ein jugendlicher Mensch in diese Lebensphase hinein- und wieder hinaustritt, kann sehr unterschiedlich sein. Eine Abgrenzung von der Kindheit durch das Erlangen der Geschlechtsreife scheint vertretbar, dieser Zeitpunkt liegt in der Regel zwischen dem 11. und 15. Lebensjahr. Jedoch sind bei der Mehrzahl der 12jährigen so viele Kriterien des Gestaltwandels auszumachen, dass auch ohne Geschlechtsreife hier von einem Übergang in die Adoleszenz gesprochen werden kann *(vgl. Hurrelmann 2007: S. 40)*. Beim Übergang vom Jugend- in das Erwachsenenalter lässt sich kein biologischer Aspekt als Zeitpunkt feststellen. Im Allgemeinen wird ein junger Mensch dann als erwachsen anerkannt, wenn er bestimmte *Entwicklungs-aufgaben (vgl. Kapitel 2.3)* erfolgreich bewältigt hat.

Traditionell wird davon ausgegangen, dass dieser Zeitpunkt zwischen dem 19. und 21. Lebensjahr liegt *(vgl. Hurrelmann 2007: S. 29)*. Entwicklungsaufgaben geben Anhaltspunkte dafür, dass eine Abgrenzung der Adoleszenz zur Kindheits- und Erwachsenenphase möglich ist, jedoch auch dafür, dass eine starre altersmäßige Festlegung nicht sinnvoll ist.

Da es im späteren Verlauf dieses Buches um Jugendliche in der Sekundarstufe I geht wird, bezieht es sich auf die so genannte „frühe" und „eigentliche" Adoleszenz *(vgl. Fend 2000: S. 91f)*, also auf das Alter zwischen 12 und ungefähr 16 Jahren.

2.1 Veränderte Lebenswelten

Oft wird in der Öffentlichkeit davon ausgegangen, dass die Phase der Jugend sich für Jugendliche immer noch so gestaltet wie vor 20 Jahren, es gibt sogar Stimmen die behaupten, Jugendliche lebten heute leichter und unbeschwerter. Dabei ist die Lebenssituation junger Menschen heute sehr viel spannungsreicher und konfliktgeladener. Jene Normalbiografie, von der vor 20 Jahren noch ausgegangen wurde, lässt sich heute nicht mehr vorfinden *(vgl. Drilling 2001: S. 29)*. Belastungen wie mangelnde Obhut in Familien, Bedrohung durch einen schlechten Arbeitsmarkt und andere soziale Ungleichheiten wie zum Beispiel durch Migration bewirken trotz leichterem Zugang zu Geld, gestiegene soziale Mobilität und Bildungsexpansion, dass das Erwachsenwerden vielen Jugendlichen heute schwer fällt. Sie wachsen in einer *Multioptionsgesellschaft* auf. Diese bietet schier unendliche Wahlmöglichkeiten, aber auch kaum feste Strukturen und Grenzen, die Jugendlichen Sicherheiten geben können. Sie können nicht auf die Erfahrungen einer vorangegangenen Generation zurückgreifen, um mit den steigenden Erlebens-, Handlungs- und Lebensmöglichkeiten besser umgehen zu lernen *(vgl. Drilling 2001: S. 17f)*.

Im lebenslangen Prozess der Sozialisation entwickelt sich ein Individuum unter wechselseitigem Einfluss seiner biologischen Ausstattung und seiner aktiven Auseinandersetzung mit den sozialen Lebensbedingungen zu einer sozial handlungsfähigen Persönlichkeit *(vgl. Drilling 2001: S. 18)*. Um die Jugendzeit als „Grundlagenwissen" für das Thema dieser Arbeit skizzieren zu können, werden in den folgenden beiden Unterkapiteln also pubertäre Veränderungen sowie jugendspezifische soziale Herausforderungen dargestellt.

2.2 Pubertäre Veränderungen

Die körperlichen Veränderungen während der Adoleszenz sind erheblich. Jugendliche bekommen in dieser Zeit einen „neuen Körper" und müssen lernen, mit ihm umzugehen. Diese Umgestaltungen passiert so deutlich und in einem so bewussten Alter, dass sie sehr bewusst beobachten und bewerten können, was geschieht *(vgl. Fend 2000: S. 225)*. Bewerten sie die Veränderungen negativ, entstehen Unsicherheiten und Ängste, die sich zum Beispiel auf Körperwachstum, Größe, Gewicht, Körperproportionen, Haarwuchs oder Gesicht richten können. Menarche und Spermarche stellen schließlich Schlüsselereignisse, mit denen oft ein großes Maß an Unwissenheit, Verlegenheit, Scham, Unwohlsein und Ambivalenz verbunden sind *(vgl. Fend 2000: S. 233f)*. All dieser Körperveränderungen sind massiv geschlechtsspezifisch, so dass sie vor allem bedeuten, sich mit der eigenen Geschlechtlichkeit auseinandersetzen zu müssen *(vgl. Fend 2000: S. 225)*, was gerade bei lesbischen und schwulen Jugendlichen eine besondere Belastung bieten kann, da ihre Homosexualität im Widerspruch zu den heterosexuellen Anforderungen steht, die ihnen in dieser Zeit auferlegt werden. Im Ganzen lässt sich also vermuten, dass das Ausmaß und die Tragweite der körperlichen Veränderungen in der Pubertät für alle Jugendlichen, jedoch besonders für gleichgeschlechtlich orientierte, mit zahlreichen psychischen Konsequenzen verbunden sind *(vgl. Fend 2000: S. 225)*.
Über zwei entscheidende endokrine Veränderungsbereiche wird immer wieder viel diskutiert: Gehirn und Hormone.

2.2.1 Gehirnentwicklungen

Die Erkenntnis, dass das Gehirn in der Adoleszenz eine gewichtige Rolle spielt und in dieser Zeit ebenfalls einem tief greifenden Wandel unterliegt, ist neu und Gegenstand aktueller Forschungen. Bisher gingen Wissenschaftler davon aus, das Gehirn eines heranwachsenden Menschen sei fertig ausgereift *(vgl. Strauch 2003: S. 19)*. Erst im Jahr 1997 entdeckte der amerikanische Gehirnforscher Jay Giedd, dass sich die graue Substanz, die äußere Schicht des Gehirns, während der Adoleszenz zuerst bis weit über den Wert eines Erwachsenen verdickt und dann plötzlich schrumpft. Das Wachstum erreicht seinen Höhepunkt bei Mädchen mit ungefähr elf, bei Jungen mit ungefähr zwölf Jahren. Danach fallen die Werte bis unter denen eines erwachsenen Menschen ab, um sich gegen Ende der Adoleszenz auf erwachsenem Niveau einzupendeln *(vgl. Strauch 2003: S. 30)*. Von diesen Entwicklungen betroffen ist auch der Teil des Gehirns, der Motivation, Vernunft, Voraussicht und Urteilsvermögen ermöglicht und über Tun oder Lassen entscheidet *(vgl. Strauch 2003: S. 36)*. Dies könnte auch Einfluss haben auf die Selbstreflexion und Kräfte, die homosexuelle Jugendliche dafür brauchen, ihre sexuelle Orientierung zu erkennen und zu integrieren. Während der Jugendzeit vermehren sich außerdem die Verknüpfungen, die auf Dopamin ansprechen, das die Signalübertragung in jenen Bereichen beschleunigt, die für Gefühle und Sprache verantwortlich sind. In diesem Zusammenhang wurde herausgefunden, dass Menschen in der Pubertät vielfach anfälliger für Depressionen und andere psychische Erkrankungen sind, als in irgendeiner anderen Lebensspanne *(vgl. Strauch 2003: S. 292)*.

2.2.2 Hormone

Da Hormone von Hormondrüsen freigesetzt werden, die von Hypothalamus und Hypophyse kontrolliert werden, könnten durch Hormone bedingte Phänomene auch dem Gehirn zugeordnet werden *(vgl. Rossmann 2004: S. 136f)*. Traditionell werden den hormonellen Veränderungen in der Pubertät umfangreiche und tendenziell destruktive Wirkungen auf das Verhalten von Jugendlichen zugeschrieben, was jedoch nur bedingt stimmt. Tatsächlich klären sie weniger Varianz von Verhalten auf, als angenommen wird *(vgl. Fend 2000: S. 226f)*.
Es gibt eine Vielzahl verschiedener Hormone mit verschiedenen Aufgaben. Bei den so genannten Geschlechts- oder Steroidhormonen, die in der Pubertät in großen Mengen ausgeschüttet werden, geht es vor allem um das Östrogen Östradiol und das Androgen Testosteron. Beide Hormone werden von beiden Geschlechtern hergestellt, jedoch produzieren Männer etwa zehnmal so viel Testosteron wie Frauen und Frauen rund zehnmal mehr Östrogen als Männer. Beide Hormone scheinen zu mehr starken, instinktiven Gefühlen zu führen, wie ein gewisses Gemeinschaftsgefühl, Aggressivität und Begehren *(vgl. Strauch 2003: S. 183ff)*.
Vor allem Testosteron ist dafür verantwortlich, wenn einem Menschen ein anderer Mensch auffällt und sich plötzlich ein Verlangen einstellt. Setzt in dieser Phase der Neurotransmitter Dopamin ein, kommt es zu einer verliebten Hochstimmung *(vgl. Strauch 2003: S. 211f)*, in der die andere Person einem *„nicht mehr aus dem Kopf geht"* (Strauch 2003: S. 212). Es ist die Zeit der *„Schmetterlinge im Bauch"* (Strauch 2003: S. 212). Kommt es nun zu einer Verbindung zweier Menschen, herrschen immer noch starke Gefühle, sie sind jedoch tiefer, ruhiger und weniger aufregend. Diese Bindungsphase ist bei Mädchen durch Oxytozin, bei Jungen durch Vasopressin geprägt *(vgl. Strauch 2003: S. 212)*. Natürlich sind Jugendliche nicht die einzigen

Menschen, die sich verlieben, jedoch sind die entsprechenden Gefühle in dieser Zeit besonders intensiv. Dies ist darin begründet, dass Menschen sich leichter verlieben, wenn sie sich bereits in einem körperlichen Erregungszustand befinden. Gemeint ist hier nicht unbedingt sexuelle Erregung, sondern ein Zustand erhöhter Sensibilität und Emotionalität *(vgl. Strauch 2003: S. 215)*. So sind homosexuelle Mädchen und Jungen in dieser Zeit vielleicht auch „anfälliger" dafür, sich dem gesellschaftlichen Gebot der Heterosexualität zu fügen und sich in eine Person des anderen Geschlechts zu verlieben.

2.3 Entwicklungsaufgaben

Entwicklungsaufgaben sind allgemeine Erwartungen und Anforderungen, die an Personen in bestimmten Lebensabschnitten gestellt werden. Es sind vorgegebene Anpassungsschritte, die in Auseinandersetzung mit sich selbst und der eigenen Umwelt bewältigt werden müssen. Die dazu erforderlichen Fähigkeiten müssen in der jeweiligen Phase erst dynamisch entwickelt werden.

Die traditionellen Entwicklungsaufgaben der Adoleszenz lassen sich in vier große Bereiche einteilen, die in Beziehung zueinander stehend und aufeinander aufbauend betrachtet werden müssen *(vgl. Hurrelmann 2007: S. 27)*. Nach idealtypischem Verständnis ist die Selbstbestimmungsfähigkeit des Individuums erreicht und es kann von einem Übergang vom Jugend- in das Erwachsenenalter gesprochen werden, wenn es gelingt, diese Entwicklungsaufgaben zu bewältigen *(vgl. Hurrelmann 2007: S. 28)*.

1. Die *Entwicklung einer intellektuellen und sozialen Kompetenz*, mit der möglich werden soll, selbstverantwortlich schulische und folgend berufliche Anforderungen zu meistern, um eine eigene ökonomische Basis für eine unabhängige Existenz als erwachsener Mensch zu sichern.
2. Die *Entwicklung des inneren Bildes von der Geschlechtszugehörigkeit*. Dazu gehören beispielsweise das Akzeptieren der eigenen körperlichen Veränderungen und der Aufbau einer stabilen Paarbeziehung als Voraussetzung einer späteren Familiengründung.
3. Die *Entwicklung selbstständiger Handlungsmuster für die Nutzung des Konsumwarenmarktes*, um mit dem durch Medien propagierten Angebot sowie den eigenen Finanzen umgehen zu können und einen eigenen kontrollierten und bedürfnisorientierten Lebensstil zu entwickeln.

4. Die *Entwicklung eines Werte- und Normsystems und eines ethischen und politischen Bewusstseins*, das mit dem eigenen Verhalten und Handeln übereinstimmt, damit eine verantwortliche Übernahme von gesellschaftlichen Partizipationsrollen als Bürgerin bzw. Bürger im kulturellen und politischen Leben möglich wird *(vgl. Hurrelmann 2007: S. 27f)*.

Trotzdem diese Aspekte oft noch genauso gefordert werden, weicht die heutige Gestaltung von diesem Idealtypus oft deutlich ab. So ist für einen Teil der Jugendlichen ein Übergang in eine ökonomische Selbstversorgung durch fehlende Ausbildungs- und Arbeitsplätze nicht möglich. Andere hingegen verdienen bereits während ihrer Schulzeit Geld mit einer legalen oder illegalen (Neben-)Tätigkeit. Eine Heirat und eigene Kinder sind längst nicht mehr fester Bestandteil des Zusammenlebens. Die meisten Haushalte von Erwachsenen sind Ein-Personen-Haushalte und etwa die Hälfte aller in Deutschland lebenden Ehepaare hat keine Kinder. Homosexuellen Beziehungen gelten in diesem System nicht als eine erfolgreiche *Entwicklung des inneren Bildes der Geschlechtszugehörigkeit* und sind, mit oder ohne Kinder, hier nicht mit „Familie" gemeint. Da Jugendliche heute immer früher Umgang und auch immer mehr Geld zur Verfügung haben, können bereits Jugendliche sich heute den gesamten Freizeit- und Medienmarkt erschließen. Und eine politische Beteiligung kann zwar formal erst mit Gewährung des Wahlrechts ausgeübt werden, jedoch wirken Jugendliche auch schon davor in Familie, Schule, politischen Jugendgruppen und anderen Institutionen an der Gestaltung ihrer Lebensbereiche mit *(vgl. Hurrelmann 2007: S. 37f)*.

In der Literatur lassen sich verschiedene Versuche finden, aktuelle Entwicklungsaufgaben festzuhalten, wie der Suche nach der eigenen („neuen") Identität, die Entdeckung des Körpers und der Sexualität, der Aufbau der eigenen Unabhängigkeit und der Abwendung vom Elternhaus mit gleichzeitiger Zuwendung zu Gleichaltrigen, *(vgl. Kohlberg 2000: S. 112)* sowie der Berufswahl *(Fend 2000: S. 368)*. Im Folgenden finden Sie vier ausgewählte Entwicklungsaufgaben, die für die Thematik dieser Arbeit besonders bedeutend sind.

2.3.1 Aufbau von Peer-Beziehungen

Generell werden unter Peer-Beziehungen Beziehungen unter in etwa gleich alten Kindern und Jugendlichen verstanden *(vgl. Fend 2000: S. 312)*. Während der Adoleszenz erfolgt eine schrittweise psychosoziale Ablösung vom Elternhaus und der Gruppe der Gleichaltrigen kommt eine besondere Bedeutung als Sozialisationsinstanz und Quelle sozialer Unterstützung zu. Die Abwendung von den Eltern ist ein entscheidender Schritt für eine Verselbstständigung und die eigene Eingliederung in die Sozialstrukturen der Gesamtgesellschaft. Zunehmend stellen sich Jugendliche neuen Anforderungen und Ansprüchen außerhalb des Familiensystems. Gleichaltrige bieten Herausforderungen und Unterstützung, die sich strukturell in der gleichen Lebenslage befinden *(vgl. Hurrelmann 2007: S. 33)*. Sie bieten die Chance, Handlungskompetenzen zu erwerben, die in Familie oder Schule nicht eingeübt werden können oder sollen *(vgl. Hurrelmann 2007: S. 128)*. Freundschaften bieten einen unschätzbaren geschützten Raum, um zwischenmenschliche Interaktionen zu erproben. Durch die Möglichkeit, sich vorbehaltlos zu öffnen, können sonst verdrängte und abgespaltene Inhalte bearbeitet werden *(vgl. Fend 2000: S. 310)*.

„So bedeutsam die Beziehung zu Gleichaltrigen für die Entwicklung im Jugendalter ist, so problematisch kann sie sein" (Hurrelmann 2007: S. 128). So bietet diese Gruppe auch die Erfahrung, sich in Hierarchien einzufügen, Abneigungen zu entwickeln und eventuelle Wettbewerbe durchzustehen. Gleichaltrige haben keinen Erziehungs- oder Betreuungsauftrag, so dass ihre Reaktionen oft natürlicher und weniger rücksichtsvoll sind. Es kommt zu Zurückdrängungen und Grenzüberschreitungen. Bis zu 10% aller Jugendlicher erleben regelmäßig Aggression und Stigmatisierung *(vgl. Hurrelmann 2007: S. 128)*. *„Die Erfahrung der eigenen Inkompetenz durch die Demütigung anderer führt zu Isolation und kann weit reichende Folgen für die weitere soziale Entwicklung haben"* (Hurrelmann 2007: S. 128f).

2.3.2 Entwicklung von Identität

Obwohl der Prozess der Identitätsfindung ein Leben lang andauert, erhält diese Aufgabe in der Adoleszenz einen besonderen Stellenwert. In dieser Phase treten massive Veränderungen ein, unter anderem den eigenen Körper und das eigene Empfinden betreffend, die eine Umgestaltung des bisherigen Selbstbildes notwendig machen, was in der Regel zu großen Verunsicherungen führt. Es geht in dieser Zeit darum, eine Antwort auf die Frage „Wer bin ich?" zu finden, ein in gewisser Weise kontinuierliches Selbstbild zu (re)konstruieren („Wie bin ich?", "Worin bin ich gegenüber meiner Kindheit gleich geblieben?", "Worin habe ich mich gewandelt?"), das mit dem Bild, das andere von einem haben, im Ganzen übereinstimmt. So wird die Jugendzeit zu einer Zeit des Zweifelns, der bewussten Reflexion und der sich entwickelnden Autonomie. Gelingt es in dieser Phase nicht, diese hohen Anforderungen zu bewältigen, droht eine Identitätsdiffusion, eine extreme Unsicherheit in Bezug auf einen oder mehrere Aspekte der eigenen Identität wie zum Beispiel der sexuellen Orientierung *(vgl. Rossmann 2004: S. 146ff)*. *„Es fehlt dann der Persönlichkeit gewissermaßen der innere Zusammenhalt und sie wirkt zersplittert" (Rossmann 2004: S. 148)*. Verwirrungen stellen sich ein, die mit Alkohol- oder Drogenmissbrauch oder suizidalem Verhalten ausgelöscht werden sollen oder es kommt zu anderen dekonstruktiven Versuchen, Sicherheit zu gewinnen, wie durch Isolation, ideologische Radikalität oder Askese *(vgl. Rossmann 2004: S. 148)*.

2.3.3 Ausbildung einer Geschlechtsidentität

Zur Entwicklung der eigenen Identität während der Adoleszenz gehört auch das Suchen und Finden einer neuen Geschlechtsidentität, denn hier wird es besonders notwendig, eine Geschlechtszugehörigkeit darzustellen und damit als Mann oder Frau anerkannt zu werden *(vgl. Stein-Hilbers 2000: S. 47)*. Es besteht auch ein gewisser Zwang, sich als (hetero)sexuell aktive Frau bzw. als (hetero)sexuell aktiver Mann zu präsentieren *(vgl. Stein-Hilbers 2000: S. 72)*. *„Wer sich auf dem Markt anbietet, stellt seinen Wert als Person zur Disposition. Er kann als Person Akzeptanz und Ablehnung erfahren. Letztere wird als sehr schmerzlich, ja als potentiell selbstzerstörerisch empfunden" (Fend 2000: S. 258)*. Der eigene „Markt-Wert", aber auch das eigene Interesse am anderen Geschlecht entscheiden über Akzeptanz und Selbstwert. Hier liegt ein wichtiger Schlüsselpunkt für Lesben und Schwule, unabhängig davon, ob sie bereits um ihre Homosexualität wissen oder nicht, denn sie nehmen in beiden Fällen wahr, dass sie „irgendwie anders" sind.

Der Körper spielt in der sozialen und individuellen Konstitution von Geschlechtszugehörigkeit eine zentrale Rolle. Er ist Medium der Selbstkonstruktion und der Symbolisierung des Mann- oder Frauseins. *„Der Körper muss gleichsam lernen, den Code der Zweigeschlechtlichkeit in eine physisch erkennbare Ausdrucksform zu übersetzen und ihn damit wiederum zu reproduzieren" (Stein-Hilbers 2000: S. 47)*. Ein Junge, der sich „wie ein Mädchen" bewegt, verzichtet somit auf Anrechte, die ihm als Junge zustünden. Dieser mit einem Machtverlust verbundene Akt der Überschreitung stößt dabei auf größeres Unverständnis als der eines Mädchens, das selbstbewusst ihm nicht zustehende Privilegien des Männlichen in Anspruch nimmt, da die Annäherung ans „Männliche" nachvollziehbar erscheint *(vgl. Tervooren 2006: S. 69)*. Ein „Mann" zu werden erfordert für Jungen, Dominanz und Macht zu demonstrieren und sich deutlich von dem abzugrenzen, was sie als weiblich empfinden. Dazu gehören offene Abwertungen von Frauen ebenso wie sexistische Witze oder die offensive Distanzierung von Homosexualität *(vgl. Stein-Hilbers 2000: S. 46)*, die auch in der Sprache vieler Jungen in der Pubertät im Kontext von Beschimpfungen, Neckungen oder ähnliches sehr präsent ist *(vgl. Tervooren 2006: S. 197)*. Gleichzeitig gilt es, Mädchen attraktiv zu finden und sich als sexuell aktiv darzustellen. So erleben Mädchen einerseits, dass sie über ihren Körper (nicht wie Jungen primär über ihr Verhalten) als sexuelle Objekte erlebt werden, und andererseits, dass sie über ihr Geschlecht abgewertet und verspottet werden. Heterosexuelle Mädchen sind also in dieser Zeit besonders darauf angewiesen, dies in Kauf zu nehmen und zu ignorieren, wenn sie selbst (sexuell) erfolgreich sein wollen.

2.3.4 Umgang mit Sexualität

Zu Beginn der Jugend kommt es zu einer Ausbildung erotischer und sexueller Wünsche, die in erster Linie durch deutliche hormonelle Veränderungen ausgelöst werden und zu einer rasch zunehmenden sexuellen Reaktionsfähigkeit führen. Erste sexuelle Kontakte, die nicht mehr als kindliche Sexualität gesehen werden können, fallen in diese Zeit. Jugendliche erwartet die Aufgabe, Sexualität in ihre Identität (und Identitätsfindung) zu integrieren, sie in soziale Bindungen einzubeziehen und einen eigenen Umgang mit Sexualität zu finden *(vgl. Fend 2000: S. 258f)*.

In einer Studie zu Jugendsexualität *(vgl. BZgA 2006: S. 76)* machten 81% der Mädchen und 77% der Jungen bis zum Alter von 17 Jahren, also innerhalb des Besuches der Sekundarstufe I, in irgendeiner Form heterosexuelle Erfahrungen. 73% der Mädchen und 66% der Jungen (Ausgangswert: Gesamtanzahl) erlebten bis zu diesem Alter auch ihr Erstes Mal *(vgl. BZgA 2006: S. 80)*. 13% der Mädchen und 6% der Jungen zwischen 14 und 17 Jahren hatten *„körperliche Kontakte zum gleichen Geschlecht" (vgl. BZgA 2006: S. 86)*. Ein umgekehrtes Geschlechterverhältnis zeigte in diesem Punkt eine Studie aus dem Jahr 1995, nach der im Alter von 17 Jahren 7% der Mädchen und 11% der Jungen homosexuelle Kontakte hatten *(vgl. BZgA 2003: S. 276f)*. Nach einer Studie zur psychosozialen Situation junger Lesben und Schwuler in Berlin machten 32% der befragten Mädchen und 58% der befragten Jungen bis zum Alter von 18 Jahren erste gleichgeschlechtliche sexuelle Erfahrungen *(vgl. Senatsverwaltung für Schule, Jugend und Sport 1999: S. 17)*.

Homosexuelle Kontakte sind jedoch nicht zwangsläufig Ausdruck einer homosexuellen Orientierung, ebenso wie heterosexuelle Kontakte kein sicheres Indiz für Heterosexualität darstellen *(vgl. Fiedler 2004: S. 88)*. So verliebten sich in letztgenannter Studie 46% der lesbischen (81% der Gesamtanzahl) und bisexuellen (10% der Gesamtanzahl) Mädchen und 28% der schwulen (87% d. G.a.) und bisexuellen (9% d. G.a.) Jungen zuerst in eine Person des anderen Geschlechts und 58% der Mädchen und 17% der Jungen hatten auch erste heterosexuelle Erfahrungen *(vgl. Senatsverwaltung für Schule, Jugend und Sport 1999: S. 14ff)*. Es ist auch nicht ungewöhnlich, dass ab Beginn der Pubertät heranwachsende heterosexuelle Mädchen und Jungen homosexuelle Erfahrungen machen. Dies kann mit einem spielerischen Erfahrungsaustausch, Mutproben, sexuellem Konkurrenzverhalten, schlichter Neugier oder normale Verunsicherungen in punkto sexuelle Orientierung zusammenhängen *(vgl. Fiedler 2004: S. 88)*. Die Anrufe beim Kinder- und Jugendtelefon zeigen, dass Schwul- und Lesbischsein Themen sind, die auch heterosexuelle Jugendliche beschäftigen, denn durch die allgemeine Tabuisierung des Themas und die Ängste, die damit verbunden sind, können alle jungen Menschen in ihrer Identitätsentwicklung verunsichern und behindern *(vgl. Braun/ Lähnemann 2002: S. 6f)*. So stellen einige frühe homosexuelle Kontakte ein ganz normales Vorstadium im Geschlechtsleben mancher Jugendlicher dar und sind auf kürzere Episoden begrenzt, während eine homosexuelle Orientierung ein überdauerndes bzw. wiederkehrendes sexuelles Begehren gleichgeschlechtlicher Partnerinnen und Partner ist. Obwohl sich sexuelle Orientierungen typischerweise bis zu der frühen Adoleszenz manifestiert haben, machen lesbische Mädchen und schwule Jungen zumeist erst homosexuelle Erfahrungen, nachdem sich die Betreffenden ihrer Orientierung selbst bewusst geworden sind *(vgl. Fiedler 2004: S. 88)*. So entdecken und erfahren homosexuelle Menschen gleichgeschlechtliche sexuelle Bindungen oft mit erheblicher zeitlicher Verzögerung, nämlich etwa fünf bis zehn Jahre später, als heterosexuelle Menschen heterosexuelle Beziehungen erleben *(vgl. Hurrelmann 2007: S. 122)*.

3. Homosexualität

Homosexuelle Menschen sind Problemen ausgesetzt, die heterosexuelle Menschen nicht bewältigen müssen. In einer amerikanischen Studie aus dem Jahr 2001, in der 1.000 homo- und bisexuelle Personen nach belastenden Situationen befragt wurden, die mit ihrer sexuellen Orientierung zusammenhängen, konnten Stressoren gefunden werden, die sich inhaltlich in zwei Bereiche aufteilen lassen: *Coming-Out und Identitätsmanagement* und *Diskriminierung und Gewalt (vgl. Plöderl 2005: S. 21)*. Diese Bereiche werden in den folgenden Kapiteln erklärt. Der historische Abriss zum Thema Homosexualität wird bereits einige Grundlagen beinhalten. Es wird aufgezeigt, wie komplex und emotionsbeladen (bzw. „angstbeladen") das Thema „Homosexualität" auch in unserer gegenwärtigen Gesellschaft ist und was lesbische und schwule Menschen für eine Kraft und Leistung aufbringen, wenn sie ihren homosexuellen Gefühlen Raum geben, diese in ihre Identität integrieren und offen lesbisch oder schwul leben. In den folgenden Kapiteln beziehe ich mich immer wieder auf die Studie „Sie liebt sie. Er liebt ihn" der Senatsverwaltung für Schule, Jugend und Sport Berlin, in der Lela Lähnemann 1999 die psychosoziale Situation junger Lesben, Schwuler und Bisexueller in Berlin" erforschte. Insgesamt nahmen 106 Mädchen und junge Frauen sowie 111 Jungen und junge Männer unter 28 Jahren und mit Wohnsitz in Berlin an der Studie teil. Obwohl der Altersdurchschnitt bei den weiblichen Teilnehmerinnen bei 21,8 Jahren und bei den männlichen Teilnehmern bei 21,1 Jahren lag, bringt „Sie liebt sie. Er liebt ihn" wichtige Erkenntnisse über Jugendliche mit sich, da die (älteren) Teilnehmerinnen und Teilnehmer Fragen rückblickend beantworten.

81% der weiblichen und 87% der männlichen Befragten fühlen sich ausschließlich zum gleichen Geschlecht hingezogen, in dieser Studie nur jede und jeder Zehnte zu beiden Geschlechtern und 7% der Mädchen und 3% der Jungen sind sich noch nicht sicher.

95% sind deutscher Herkunft und knapp ein Viertel geht noch zur Schule, davon acht von zehn auf ein Gymnasium. Damit sind formal höher Gebildete in Lähnemanns Studie überdurchschnittlich stark vertreten. Dies lässt sich durch die Fragebogen-Methode erklären sowie durch die gewählten Auslegungsorte:

Die ursprünglich 1.800 Fragebögen wurden vorrangig bei lesbischen und/ oder schwulen Einrichtungen und Angeboten, über den Verteiler des Fachbereichs für gleichgeschlechtliche Lebensweisen, über die Abteilung *Jugend* und die Jugendhilfeausschüsse der Bezirke und die freien Träger im Bereich *Jugendwohnen*, durch eine Pressemitteilungen in der Tagespresse und der lokalen Lesben- und Schwulenpresse verteilt *(vgl. Senatsverwaltung für Schule, Jugend und Sport Berlin 1999: S. 5ff)*.

3.1 Häufigkeit

Die Frage nach der Häufigkeit von Homosexualität ist eng verwoben mit ihrer Definition. Im Allgemeinen gehen Wissenschaftler von ca. fünf bis zehn Prozent Lesben und Schwulen in der Gesamtbevölkerung aus *(vgl. Hurrelmann 2007: S. 121)*, jedoch gibt es hierzu keine endgültigen Statistiken. Dies liegt in verschiedenen Schwierigkeiten der Datenerhebungen begründet. In Fragebögen wird homosexuelles Verhalten zumeist mit Items erhoben wie „Hatten Sie im letzten Jahr Sexualkontakte mit a) einer Frau b) einem Mann?" *(Plöderl 2005: S. 5)*. Neben der extremen zeitlichen Einschränkung bleibt undefiniert, was als „Sexualkontakt" gewertet werden kann *(vgl. Plöderl 2005: S. 5)*. Zum Beispiel können Küsse leidenschaftliches Begehren darstellen, sie können aber auch andere Motivationen haben, wie zum Beispiel Imponierverhalten junger heterosexueller Frauen sein, ohne dass ein Interesse oder eine Neugier an der Kuss-Partnerin (und somit eine homosexuelle Neigung) vorliegen muss. Des Weiteren verwenden verschiedene Studien verschiedene Dimensionen (Verhalten, Erleben, Selbstidentifikation). Angaben über den Anteil gleichgeschlechtlich interessierter Jugendlicher zu machen, gestaltet sich als noch schwieriger, denn oft sind sich Jugendliche in ihrer sexuellen Orientierung weniger sicher als Erwachsene. Eine weitere Schwierigkeit die ungefähre Anzahl von homosexuellen Menschen zu bestimmen ist die Dunkelziffer. Dass zu vermuten ist, dass erhobene Zahlen eher Unterschätzungen darstellen, bestätigt eine 2000 in den USA erschienene Zufallsstichprobe mit Erwachsenen. Von den Männern, die bei der Befragung die Teilnahme verweigerten und die ein zweites Mal befragt wurden, hatten 17% gleichgeschlechtliche Sexualkontakte, verglichen mit 5% bei den Männern, die bereits an der ersten Befragung teilgenommen hatten *(vgl. Plöderl 2005: S. 9ff)*. Nimmt man die anfangs erwähnten Zahlen und geht von 5% gleichgeschlechtlich orientierter Menschen aus und einer Schülerzahl von 20, so gibt es in dieser Klasse statistisch gesehen also mindestens eine betroffene Jugendliche bzw. einen betroffenen Jugendlichen, die bzw. der (später) homosexuell empfindet. Nimmt man 10% als Referenzwert und eventuell noch eine größere Schüleranzahl, so kann schon von zwei bis drei Schülerinnen und/ oder Schülern pro Klasse ausgegangen werden.

3.2 Geschichtlicher Hintergrund

Sicher ist, dass es Gleichgeschlechtliche Liebe und Sexualität zu allen Zeiten und in allen Kulturen gegeben hat und gibt *(vgl. Rauchfleisch et al. 2002: S. 15/ vgl. GEW Baden-Württemberg 2005: S. 5/ vgl. MGSFF 2004: Themenkarte Geschichte, S. 2)*. Lesbische und schwule Identitäten hingegen sind eine relativ moderne Erscheinung, die erst nach Entstehung des Begriffs „homosexuell", als sich das Nachdenken über Homosexuelles verfestigt hatte, möglich wurden *(vgl. MGSFF 2004: Themenkarte Geschichte, S. 2/ vgl. Lautmann 1993: S. 9)*. Aufgrund gesellschaftlicher Homophobie *(vgl. Kapitel 3.3.1)* und Unaufgeklärtheit wurden homosexuelle Sexualitäten in der europäischen und deutschen Geschichte lange verfolgt, was zunächst theologisch, später pseudo-wissenschaftlich gerechtfertigt wurde. So wurde Homosexualität in der Geschichte als Sünde, Ketzertum, Krankheit und Geistesstörung definiert *(vgl. MGSFF 2004: Themenkarte Geschichte, S. 2)*. Auf der Suche nach Ursachen für Homosexualität wurden verschiedene teilweise Aufsehen erregende Hypothesen aufgestellt, die jedoch später meist wieder fallengelassen werden mussten. Die verschiedenen Professionen wandten unterschiedlichste, teils grausamste Methoden an, um Homosexuelle zu heilen. Dies reichte von Versuchen der Lobotomie, bei der Teile des Gehirns zu entfernt wurden, über Chemo- bzw. Hormontherapien, Sterilisationen bis zu verhaltenstherapeutischen Behandlungsversuchen, die mit Elektroschocks und Brechmitteln arbeiteten *(vgl. Mildenberger 2002: S. 39ff)*. Nachdem sich kein Versuch der „Heilung" als „erfolgreich" und keiner der Erklärungsversuche für die Entstehung einer homosexuellen Orientierung belegt werden konnte, wird Homosexualität nicht mehr als pathologisch definiert *(vgl. MGSFF 2004: Themenkarte Geschichte, S. 2)*. Doch ein Blick in die Vergangenheit der Homosexualitätsforschung zeigt, dass manche der damals entwickelten Theorien, die teilweise sehr schnell widerlegt wurden, bis in die Gegenwart nachwirken und sich in etlichen modernen Alltagsannahmen, Theoriebildungen und Argumentationen als Vorurteile wieder finden lassen *(vgl. Rauchfleisch et al. 2002: S. 15)*.

Der folgende zeitliche Abriss ist eine sehr grobe Darstellung der Kontexte homosexueller Liebe und Sexualität von der griechischen Antike bis heute, besonders was weibliche Homosexualität angeht. Im laufenden Text wird an einigen Stellen näher erläutern, warum es deutlich weniger Wissen und wissenschaftliche (neuere) Literatur zu weiblicher Homosexualität gibt. Durch das Vorenthalten von historischem Wissen zur lesbischen und weiblichen Sexualität im Allgemeinen, wird eine Unsichtbarkeit dieser geschaffen, um ihre Existenz und Wahrhaftigkeit anzweifeln zu können.

3.2.1 Antike

Will man gleichgeschlechtliche Liebe in den Gesellschaftsstrukturen des antiken Griechenlands näher betrachten, so muss man sich von einer personenbezogenen Differenzierung zwischen Homo- und Heterosexuellen lösen. Diese heutzutage allgemein anerkannte Kategorisierung war damals nicht existent.

In Form eines „Tutoren-Systems" war Knabenliebe oder Päderastie im Antiken Griechenland institutionalisiert. In diesem Rahmen verschaffte ein erwachsener Mann einem männlichen Jugendlichen die sexuelle Erfahrung, die er für eine spätere Verbindung mit einer Frau „benötigte" *(vgl. Fiedler 2004: S. 19)*. Erwachsene Männer hatten ihrerseits so die Möglichkeit, sich mit ihren männlichen Gefährten in der Öffentlichkeit zu inszenieren und zu profilieren, was mit Frauen nicht möglich war, da diese damals vom öffentlichen Leben ausgeschlossen waren *(vgl. Giebel 1980: S. 47f)*. Versinnbildlicht wurden Liebe und sexuelles Verlangen im Antiken Griechenland durch Eros und Aphrodite. Diese konnten nach Ansicht der Antiken Griechen von einem Menschen Besitz ergreifen, ohne dass dieser sich wehren konnte. Vor diesem Hintergrund wurde vor allem männliche Homosexualität teilweise auch außerhalb des „Ausbildungsrahmens" toleriert. Abscheu, Angst oder religiöse Vorbehalte gegen Päderastie gab es nicht. Jedoch hegten viele politische Denker die Befürchtung, männliche Homosexualität könnte Soldaten „verweichlichen" *(vgl. Fiedler 2004: S. 19)*.

Analog zur Vorbereitung eines Jungen auf eine Verbindung mit einem Mädchen durch einen älteren Mann gab es für Mädchen spezielle Kreise, in die sie eintraten und von Lehrerinnen in musischen Künsten (wie Poesie, Musik, Gesang und Tanz), feiner Sitte und häuslichen Arbeiten unterrichtet wurden, um so auf ihre Rolle als Gemahlin vorbereitet zu werden. Ob es bei diesem weiblichen Pendant auch um körperliche „Schulung" ging, lässt sich nach heutigem Wissen nicht sicher sagen *(vgl. Giebel 1980: S. 47)*.

Das heutige Wissen über diese Kreise stammt vor allem aus dem Wissen um die griechische Lyrikerin Sappho, die während der ersten Hälfte des sechsten Jahrhunderts vor Christi lebte, selbst insgesamt neun Gedichtbücher schrieb und über die wiederum von anderen Dichtern (u.a. Platon und Homer) geschrieben wurde. Unklar bleibt, inwiefern sich ihre Gefühle und homoerotischen Texte, in denen sie mitunter stark emotionale Beziehungen zu Schülerinnen beschrieb, mit dem später von Platon kreierten Begriff des „pädagogischen Eros" erklären lassen oder ob in diesem Fall homosexuelles Empfinden nach unserem heutigen Verständnis dahinter stand. Weibliche Homosexualität genoss nicht dieselbe positive Bedeutung wie männliche und verkörperte kein eigenständiges Lebensmodell für Frauen, sie war vielmehr in die patriarchale Gesellschaft integriert. Dem fügte sich, ob hetero- oder homosexuell, auch

Sappho. Leider sind alle neun Bücher, später vernichtet worden. 1073 verbrannte die katholische Kirche alle neun Bücher Sapphos, in denen ihre (Liebes-)Gedichte gesammelt waren, so dass heute nur noch etwa ein Zwanzigstel ihres Werkes existiert - und das nur aufgrund eines archäologischen Fundes im Jahre 1897 *(vgl. Giebel 1980: S. 12).*

3.2.2   Mittelalter und beginnende Neuzeit

Bis zum Ende des 13. Jahrhunderts hatte die Kirche mit verschiedenen Beschlüssen versucht, heidnischen Ritualen und „dämonischer Zauberei" entgegenzutreten. Bereits damals kam es vereinzelt zu kirchengerichtlichen Anklagen wegen Hexerei. Der Hexenglaube griff, von fanatischen Priestern angetrieben, von den Alpenländern schnell auf Deutschland über. Trotz Widerstandes vieler regionaler Mächte kam es hier zunehmend zu Hexenprozessen.

Die Ketzer- und Hexenprozesse arbeiteten gegen vermeintlich vom Teufel inspirierte moralische Verfehlungen, oft mit dem Vorwurf der „Sodomie" – ein Ausdruck, der sich vom wilden Leben der Einwohner Sodoms in der Bibel herleitete und der alle nicht der Zeugung dienenden (also verwerflichen) Sexualhandlungen einschloss. Zeitweilig war Sodomie gleichbedeutend mit Hexerei wie auch umgekehrt. Um der Ketzerverfolgung entgegenzutreten und um die Einflüsse der allgemeinen Gerichtsbarkeit auf Recht und Ordnung wieder herzustellen, verschärften die weltlichen Mächte ihrerseits die Sexualrechtssprechungen. Nach Artikel 116 der „Peinlichen Gerichtsordnung" Kaiser Karls V. aus dem Jahre 1532, die bis Mitte des 18. Jahrhunderts als eine Grundlage der Rechtsprechung galt, wurden homosexuelle Handlungen von Männern und Frauen, heterosexueller Analverkehr und sexueller Umgang mit Tieren als „Verbrechen wider die Natur" mit dem Feuertod sanktioniert. Auch Masturbation und sexuelle Handlungen mit Fetischen wurden hart, mit Landesverweis oder schwerer Kerkerhaft, bestraft. Immer den Untergang von Sodom und Gomorrha vor Augen, forderten nun auch Juristen mit Rücksichtnahme auf die Vorstellungen der Kirche eine Vernichtung der „Schuldigen" in dem Glauben, sonst göttlichen Zorn in Form von Naturkatastrophen und Seuchen heraufzubeschwören. Neben dem Abschreckungseffekt wurde der Verbrennung der „Sodomiten" noch im 18. Jahrhundert im gesamten „Heiligen Römischen Reich Deutscher Nation" eine reinigende und sühnende Funktion zugesprochen. Nach Schätzungen forderte die Ketzer- und Hexenverfolgung fast eine Million Opfer. Die letzten bekannten Prozesse in Deutschland fanden 1749 statt *(vgl. Fiedler 2004: S. 24f).*

3.2.3 Zeitalter der Aufklärung

Erst durch die im 17. Jahrhundert entstehende Aufklärungsbewegung veränderten sich allmählich auch mittelalterliche Einstellungen. Das Recht jedes Menschen auf Leben, die Verteidigung der Menschenwürde sowie die Feststellung der von Natur aus bestehenden Gleichheit der Menschen waren die Hauptbestandteile der Naturrechtslehre der Aufklärung, die sich schließlich mit der Französischen Revolution 1789 durchsetzten. Das Zeitalter der Aufklärung beinhaltete eine deutliche Kritik des Irrationalismus, des Aberglaubens und der Gott bezogenen Weltanschauung des Mittelalters.

Ganz im Unterschied zu Frankreich verblieb die Gesetzgebung in anderen europäischen Staaten mit Blick auf Sexualstrafbestände mehr oder weniger restriktiv. So führte Preußen 1794 die Zuchthausstrafe ein. Im Allgemeinen Preußischen Landrecht und im österreichischen Strafgesetz (1803) fanden sich zahlreiche Strafbestimmungen gegen „widernatürliche Unzucht" mit zum Teil hohen Zuchthausstrafen. So wurde der Paragraph 143 des neuen preußischen Gesetzbuches nach der Reichseinigung 1870 als Paragraph 175 ins Reichsstrafgesetzbuch übernommen und somit für alle deutschen Staaten gültig.

Die Königreiche Württemberg und Hannover sowie die Herzogtümer Bayern, Braunschweig und Baden sahen jedoch ab 1813, im Sinne des französischen Rechts, Straflosigkeit dann vor, wenn „widernatürliche Unzucht" zwar die Gesetze der Moral überschreitet, nicht jedoch die Rechte Dritter verletzt werden. Zur Strafverfolgung kam es hier nur dann, wenn eine Klage verletzter Personen oder eine Erregung öffentlichen Ärgernisses vorlag.

Es kam jedoch auch in diesen Landesteilen nochmals zu rechtlichen Einschränkungen, als das Reichsstrafgesetz von 1871 wesentliche Teile der preußischen Rechtsgrundlagen übernahm. Sexueller Kontakt zwischen Männern stand nun erneut unter Strafandrohung. Von seiner Verabschiedung an bis zur großen Reform 1969 hat dieses Gesetz mit seinen sexualstrafrechtlichen Anteilen nur wenig Änderung erfahren. Lediglich im Jahre 1935 kam es unter nationalsozialistischer Herrschaft nochmals zu einer erheblichen Verschärfung in der Beurteilung homosexuellen Verhaltens unter Männern, die bis 1969 ihre Gültigkeit behielt *(vgl. Fiedler 2004: S. 27ff).*

3.2.4 Das späte 19. und frühe 20. Jahrhundert

In den 1850er und 1860er Jahren erregten die Schriften von Karl Heinrich Ulrichs, einem Rechtsassessor aus Hannover, großes Aufsehen, in denen dieser vom Angeborensein der Homosexualität schrieb. Ulrichs war der Ansicht, dass ein gleichgeschlechtlich liebender Mann nur vom Körperbau her ein Mann, von seiner Seele (und damit auch seinem Liebestrieb) her jedoch ein weibliches Wesen sei. Ulrichs nannte diese Männer und auch das weibliche Pendant *Urninge* und Menschen, die gegengeschlechtlich lieben *Dioninge*. Aus dieser Einteilung entwickelte er im Verlauf der Zeit ein komplexes Schema, das mit diversen Zwischenstufen schließlich zehn Geschlechter (wir würden heute von sexuellen Orientierungen sprechen) umfasste.

1869 wurde der heute verwendete Begriff „homosexuell" von dem österreichisch-ungarischen Schriftsteller Karoly Maria Kertbeny kreiert, in Absetzung dessen bald darauf der Begriff „heterosexuell" entstand. Bald darauf wurde in Anlehnung an den Berliner Psychiater Carl Westphal der Begriff „Inversion" eingeführt, der ebenfalls eine Umkehrung von männlicher in weibliche Liebesempfindung bei Männern und von weiblicher in männliche Liebesempfindung bei Frauen beschreibt, hierin jedoch eine Umkehrung sieht, die der Natur und der Gesundheit zuwider laufe *(vgl. Udo Rauchfleisch; in: Rauchfleisch et al. 2002: S. 16f)*.

Richard von Krafft-Ebing stützte sich auf die Erkenntnis, dass embryonale Anlagen in einer bestimmten Phase zweigeschlechtig sind und das Geschlecht sich erst im Laufe der weiteren embryonalen Entwicklung eindeutiger herausbildet. Dieses Wissen verknüpfte er mit der Frage nach der Entstehung bestimmter sexueller Orientierungen: Ein Embryo verfügt sowohl über den so genannten „Wolff-Gang", aus dem bei weiterer Entwicklung zum Mann der Samenleiter entsteht, als auch über den „Müller-Gang", aus dem bei weiterer Entwicklung zur Frau Eileiter und Gebärmutter entstehen. Der jeweils andere „Gang" verkümmert. Die Entdeckung, dass sich auch im erwachsenen Menschen in diesem Sinne noch organische Spuren einer ursprünglich zweigeschlechtigen Anlage befinden, bedeutete für Krafft-Ebing, dass eine verschieden starke Ausprägung dieser organischen Überbleibsel die Entwicklung der sexuellen Orientierung beeinflusse, indem die anatomischen Residuen des jeweils anderen Geschlechts bei bi- und homosexuellen Menschen weniger stark verkümmert seien als bei heterosexuellen. Dieser Gedanke später von dem Psychoanalytiker Sigmund Freud aufgegriffen *(vgl. Jörg Hutter; in: Lautmann 1993: S. 48ff)*. Dieser äußerte sich im ersten Kapitel seiner „Drei Abhandlungen zur Sexualtheorie" (1905) im Zusammenhang mit „sexuellen Abirrungen" zu (vor allem männlicher) Homosexualität, die er damals noch „Inversion" nannte. Er betonte, dass lebensgeschichtliche Einflüsse als alleinige Erklärung für

Homosexualität nicht ausreichten, dass vielmehr auch andere (konstitutionelle) Faktoren mitwirkten und nahm so in der Diskussion, ob Homosexualität angeboren oder erworben sei, eine eher vermittelnde Stellung ein. Freud ging damit als einer der ersten von einer parallel laufenden Ätiologie aus, indem er Homosexualität als sowohl konstitutionell bedingt als auch erworben betrachtete. 1915 fügte Freud den „Drei Abhandlungen zur Sexualtheorie" hinzu, dass die psychoanalytische Forschung sich mit aller Entschiedenheit dem Versuch widersetzt, Homosexuelle als eine besonders geartete Gruppe von anderen Menschen abzutrennen. Alle Menschen seien der gleichgeschlechtlichen Objektwahl fähig und haben diese auch im Unbewussten vollzogen. Im Sinne der Psychoanalyse sei also auch das ausschließliche Interesse eines Mannes an einer Frau ein der Aufklärung bedürftiges Rätsel und keine Selbstverständlichkeit. Des Weiteren war Freud sich bereits der Tatsache bewusst, dass die sozialen Nachteile oder gar Gefahren, denen gleichgeschlechtlich orientierte Menschen in der Gesellschaft ausgesetzt waren, sie vielfach hemmten, eine ihrer eigentlichen Präferenz zu folgen. Bereits 1903 hatte er in einem Interview mit der österreichischen Zeitung „Die Zeit" darauf hingewiesen, dass Homosexuelle nicht als kranke Personen behandelt werden sollten, und 1935 schrieb er in dem „Brief an eine amerikanische Mutter", deren Sohn schwul war, dass Homosexualität gewiss kein Vorzug wäre, aber auch nichts, dessen man sich schämen müsste und nicht als Krankheit bezeichnet werden kann *(vgl. Udo Rauchfleisch; in: Rauchfleisch et al. 2002: S. 20f).*

In den 20er Jahren vertrat der Berliner Arzt und Sexualwissenschaftler Magnus Hirschfeld, zum Beispiel entgegengesetzt Ulrichs, die Meinung, dass sich im Hinblick auf den Körperbau und auf die seelische Struktur zwischen einem „Vollweib" und einem „Vollmann" ein weites Feld von Zwischenstufen spannt und dass es sich bei Homosexualität nicht etwa um eine Krankheit, sondern um natürliche Varianten der Vielfalt handelt. Hirschfeld gab auch zu bedenken, dass *urnische* Menschen nicht auf ihre Sexualität reduziert werden dürften, da das Eigentliche seine Psyche ist. Die Harmonie von Körper, Seele und Sexualtrieb homosexueller Menschen war für ihn wichtigstes Indiz für eine Naturhaftigkeit der Homosexualität. Hirschfeld machte deutlich, dass seiner Meinung nach Liebe zum eigenen Geschlecht genauso ein Naturphänomen wäre wie zum anderen und dass somit beide Liebesmöglichkeiten in gleicher Weise legitim wären und im Dienste der evolutionären Höherentwicklung stehen würden. Hirschfelds Arbeiten sind vor allem im politischen Kontext seines Kampfes gegen den Paragraphen 175 entstanden, den er mit biologisch-medizinischen Argumenten führte: Homosexualität sei eine von der Natur gegebene Veranlagung im Range eines „dritten Geschlechts", die sich völlig dem freien Willen entzieht und somit auch nicht bestraft werden darf *(vgl. Gesa Lindemann; in: Lautmann 1993: S. 92f).*

3.2.5 Zeit des Nationalsozialismus

Im Vordergrund der Homosexualitätsforschung der 1930er und 1940er Jahre stand die Ursachenfrage. Ein einheitliches Erklärungsmodell gab es nicht, sondern verschiedene miteinander konkurrierende Ansätze: Der Mediziner Theodor Lang versuchte nachzuweisen, dass es sich bei den meisten Homosexuellen um genetisch bedingte „Intersexformen" handle. Er ging in Anlehnung an Ulrichs davon aus, dass es sich bei den meisten lesbischen Frauen um „Umwandlungsweiblichen" handele, die nur äußerlich Weibchen", genetisch jedoch „Männchen" wären und bei den meisten schwulen Männern um „Umwandlungsmännchen", die äußerlich „Männchen" und genetisch „Weibchen" wären *(vgl. Claudia Schoppmann; in: Lautmann 1993: S. 216).* Lang fragte sich, ob eine scharfe Strafverfolgung, die homosexuelle Frauen und Männer zur Ehe und Fortpflanzung treibt, nicht kontraproduktiv für eine Eindämmung von Homosexualität wäre, da es so sogar zu einer „Vermehrung von Homosexuellen" in nachfolgenden Generationen kommen würde. Der Psychiater Paul Schröder hingegen, der Homosexualität als durch Onanie bei geschlechtlicher Frühreife oder durch Verführung „verursacht" sah, kritisierte Lang scharf; indem er ihm vorwarf, den von Ulrichs und Hirschfeld genährten „Aberglauben" an ein angeborenes drittes Geschlecht von Urningen neue Nahrung zu geben. Ulrichs und Hirschfelds Ansätze sah er selbst als machtvolle Propaganda zur Legitimierung von Homosexualität in wissenschaftlichem Gewand an *(vgl. Burkhard Jellonnek; in: Lautmann 1993: S. 223).* Immer wieder gab es medizinische „Heilungsversuche", wie die eines englischen Ärzte-Teams, die acht Frauen mit „Virilismus" („Vermännlichung"; z.B. starke Körperbehaarung), die aufgrund der herrschenden Geschlechternormen als homosexuell klassifiziert wurden, in folge dessen einer Nebennierenentfernung unterzogen, von der angenommen wurde, dass diese, durch freigesetzte Steroide stimuliert, sexuelle Anziehung auslöst. Vier Frauen hielt man danach für „geheilt" *(vgl. Claudia Schoppmann; in: Lautmann 1993: S. 217).*

Zu Zeiten des Nationalsozialismus gewann jedoch auch die Psychologie als Wissenschaft an Einfluss. In einer allgemeinen „Psychotherapie-Euphorie" gingen nun auch viele Forscher davon aus, dass Homosexualität im Normalfall eine neurotische Entwicklungsstörung sei, die außerdem in der Regel „latent" bleibe und psychotherapeutisch gut zu „heilen" sei. Weibliche Homosexualität ging nach dieser Theorie einher mit einer Verleugnung der weiblichen Funktionen (insbesondere biologischer Art), die als eine eindeutige Angst vor der Übernahme der „weiblichen Rolle mit allen biologischen und psychologischen Folgerungen" verstanden und deren Ursache in seelischen Fehlentwicklungen in der Kindheit gesehen wurde *(vgl. Claudia Schoppmann; in: Lautmann 1993: S. 217f).* Der Psychiater Johannes Heinrich Schultz, der direkt an der Verfolgung homosexueller Männer beteiligt war, schrieb in seinem 1940 erschienenen Bestseller „Geschlecht, Liebe und Ehre": *„Die Gründe, warum ein Mann sich nur für männliche, eine Frau sich nur für weibliche Wesen zärtlich und sinnlich interessieren kann, sind tiefliegende (sic) seelische Entwicklungsstörungen (...). Fehlhaltungen auf dem Gebiete des Liebeslebens, sogenannte (sic) Perversionen, sind grundsätzlich immer durch eine entsprechende fachärztliche seelische Krankenbehandlung (Psychotherapie) heilbar, und das umso mehr, je mehr sie sich bei einem sonst völlig gesunden und vollwertigen Menschen durch tragische Schicksalsverwicklungen, besonders der Kindheit, einstellen" (J. H. Schultz zitiert nach Claudia Schoppmann; in: Lautmann 1993: S. 218).*

All jene Forschungsansätze, von denen sich keiner gegenüber den anderen durchsetzte, belegen eine lebendige Meinungsvielfalt. So klagte der für die Wehrmacht arbeitende Oberstabsarzt Professor Wuth: *„All jene Theorien und Forschungen, so interessant sie auch wissenschaftlich sein mögen, haben uns in der Praxis keinen Schritt weiter gebracht" (Otto Wuth zitiert nach Burkhard Jellonnek; in: Lautmann 1993: S. 224).* Gemeinsam blieb den populären Theorien jedoch, dass die Lösung der Ursachenfrage möglichst erfolgreiche Bekämpfung der Homosexualität ermöglichen sollte *(vgl. Claudia Schoppmann; in: Lautmann 1993: S. 215).*

Eigene rassenbiologische Forschungsansätze blieben eher die Ausnahme und wurden von der allgemeinen Wissenschaft nicht übernommen *(vgl. Burkhard Jellonnek; in: Lautmann 1993: S. 221).* Allerdings kam es zu engen Kooperationen zwischen Wissenschaftlern und dem SS-Reichsführer Heinrich Himmler, einem Protagonisten in Sachen Homosexuellenverfolgung, der unbeirrt vom Meinungsstreit der Wissenschaftler öffentlich die Notwendigkeit der „Ausmerzung" der Homosexualität betonte. Er setzte auf die von ihm unterstellte Umerziehbarkeit von Homosexuellen und arbeitete mit Wissenschaftlern zusammen, die diesbezüglich Erfolg versprechende Methoden offerierten. Zum Beispiel glaubte Dr. Carl Vaernet, im Konzentrationslager Buchenwald, mit der Implantation einer künstlichen Sexualdrüse in die Leistengegend eine Triebänderung homosexueller Häftlinge herbeiführen zu können und nahm qualvolle Tode einiger Probanden in Kauf. Größere Bedeutung für die Alltagstagspraxis aber kam der von nicht wenigen Medizinern als Allheilmittel propagierten Kastration von Homosexuellen zu. Obwohl schon damals Zweifel an der gewünschten Entsexualisierung geäußert wurden und die Operierten häufig schwere körperliche wie psychische Gesundheitsschädigungen beklagten, forderte der Mediziner Dr. Carl-Heinz Rodenberg noch während des Krieges gesetzliche Möglichkeiten zur Zwangskastration aller Homosexuellen. Während diesbezügliche Vorstöße um eine zwangsweise Kastration scheiterten, wurde schwulen Männern, die in den 40er Jahren massenhaft verhaftet und in

Konzentrationslager gebracht wurden, dort angeboten, sich einer „freiwilligen" Kastration zu unterziehen, um so ihre Entlassung vorantreiben und der Lebensgefahr in Konzentrationslagern entgehen *(vgl. Burkhard Jellonnek; in: Lautmann 1993: S. 224f).*

Dass weibliche Homosexualität in der gesamten Homosexualitätsforschung (besonders) dieser Zeit eine untergeordnete Rolle spielte, erklärt sich aus der generellen Unterordnung von Frauen im NS-Staat. So war weibliche Homosexualität in den Forschungen zur männlichen zwar oft „mitgemeint", doch galt Männern die hauptsächliche Aufmerksamkeit. Frauen wurden als weniger „bedrohlich" angesehen, da ihnen nachgesagt wurde, vorwiegend erotisch bestimmt zu sein, während Männer vorwiegend sexuell bestimmt seien. Dieser als „natürlich" empfundene Dualismus beinhaltete eine „Entsexualisierung" von Frauen und war integraler, wenn auch selten explizit thematisierter, Bestandteil der (Homo)Sexualitätsforschung im Nationalsozialismus. Obwohl lesbische Frauen (zum Beispiel durch den Paragraphen 175) nicht systematisch verfolgt wurden, wurden viele dennoch als „Asoziale" (oft unter dem Vorwurf der Prostitution), als „Politische" oder als „Kriminelle" (etwa wegen dem Vorwurf der Nötigung zur Unzucht) in Konzentrationslager verschleppt, wo häufig gerade sie in dazugehörige Zwangsbordelle gebracht wurden *(vgl. Claudia Schoppmann; in: Lautmann 1993: S. 215f).*

3.2.6 Nachkriegs- und 70er Jahre

Bereits kurz nach Kriegsende erregten zwei große Studien des *Institut for Sex Research*, heute *Kinsey-Institute*, aus Nordamerika weltweites Aufsehen. Unter der Leitung von Alfred Kinsey wurden zwischen 1947 und 1953 mit 18.000 Amerikanern aller Altersstufen persönliche Interviews zu deren sexuellen Neigungen geführt. Die Ergebnisse wurden in dem Bändern „Sexualverhalten des Mannes" (1948) und „Sexualverhalten der Frau" (1953) veröffentlicht. Die Daten zeigen eine erstaunliche Vielfalt sexueller Zwischenstufen (Bisexualitäten) in allen Altersklassen und machten deutlich, dass die Sexualgesetzgebung, nicht nur in den Vereinigten Staaten, bis dahin vollkommen unrealistisch war. So ging aus den Studien auch hervor, dass eine Zweiteilung von Menschen in heterosexuell oder homosexuell eigentlich unsinnig ist, da die meisten Interviewten in unterschiedlicher Gewichtung Kontakte zu beiden Geschlechtern angaben und nur ein deutlich kleinerer Anteil ausschließlich hetero- oder homosexuell lebte. Die wichtigste Aussage dieser Studien ist, dass die Natur der Sexualität nicht in scharfen Einteilungen funktioniert, wie dies bei Rechtssprechungen oder Einordnungen psychischer Auffälligkeiten in Krankheitsklassen angenommen wurde.

Psychiater, die um Klassifikationen psychischer Störungen bemüht waren und Homosexualität als eine solche ansahen, sahen hier erneuten Handlungsbedarf. Es stellte sich die Frage, wie mit Ambi- bzw. Bisexualitäten umgegangen und wo diese einsortiert werden sollten. Zögerlich setzte sich bei den meisten Wissenschaftlern durch, dass vielleicht nicht um klassifizierbare Absonderlichkeiten geht, sondern um den Aspekt gesellschaftlicher „Normalitätsvorstellungen". Vor allem junge Wissenschaftler bemühten sich, ausschließlich mit empirischen Erkenntnissen zu arbeiten und sich von ideologisch-moralischem Ballast zu befreien. Sie erkannten *Homosexualität* als einen kirchlich-politischen Ausgrenzungsbegriff, mit dem die zentrale gesellschaftliche Institution der Ehe und Familie gesichert werden sollte *(vgl. Fiedler 2004: S. 41ff)*.

Auf rechtlichem Gebiet übernahm die Bundesrepublik nach Kriegsende als Rechtsnachfolgerin des NS-Reiches den Paragraphen 175 und ließ diesen bis zum Jahre 1969 unverändert, was somit weitere Bestrafung und Verfolgung von Homosexuellen bedeutete. Erst 1969 wurde der Paragraph reformiert und bestrafte (u.a.) nun „nur noch" Männer über achtzehn Jahren, die sexuelle Handlungen an anderen Männern unter einundzwanzig Jahren vornahmen oder an sich vornehmen ließen mit Freiheitsentzug. Die teilweisen Entkriminalisierungen des Paragraphen schufen seltsame Rechtssituationen, wie zum Beispiel, dass Sex zwischen zwei Siebzehnjährigen erlaubt war, Sex zwischen zwei Achtzehnjährigen jedoch nicht. Demzufolge wurde 1973 die Straflosigkeit ab dem 18. statt dem 21. Lebensjahr eingeführt *(vgl. Lindemann in: Lautmann 1993: 99f)*.

Durch die bisher gesammelten Erkenntnisse und infolge der starken allgemeinen Kritik am medizinischen Krankheitsmodell der Psychiatrie der 1968er wurde im gleichen Jahr, 1973, Homosexualität durch die Amerikanische Psychiatrische Vereinigung entpathologisiert und aus dem DSM (Diagnostic and Statistical Manual of Mental Disorder) gestrichen *(vgl. Plöderl 2005: S. 62)*.

In der nach Kinsey einsetzenden Diskussion geriet die Definitionsmacht, die sich die Psychiatrie über zwei Jahrhunderte hinweg gegenüber der Gesellschaft mühselig erarbeitet hatte, über ein Jahrzehnt hinweg ins Wanken. Unter diesen Veränderungen gegnerisch entgegenstehenden Psychiatern setzte sich derweil die Theorie durch, dass Homosexualität ein besonders prototypisches Beispiel für „pathologischen Narzissmus" ist. Diese Ansicht war bis weit in die 1980er hinein beliebt.

Die Definitionsdebatte gewann zusätzlich an Dynamik, als sich in den 1960er und 1970er Jahren, motiviert durch Studentenbewegungen und die „sexuelle Revolution", *(vgl. Braun/ Lähnemann 2002: S. 2)*, zunehmend mehr „Betroffene" selbst einmischten und ihren Platz in unserer Gesellschaft einforderten *(Fiedler 2004: S. 44f)*.

Entscheidenden Einfluss auf die Entpathologisierung der Homosexualität hatte, auch in psychiatrisch-psychologischen Fachkreisen, *Stonewall*, als sich 1969 schwule Männer in der Christopher Street in New York zum ersten mal offen gegen die polizeiliche Repression wehrten. Die aus diesem Ereignis entstehende lesbisch-schwule Emanzipationsbewegung trug zu einer erheblichen Stärkung des Selbstbewusstseins.

Die lesbische Emanzipationsbewegung schloss sich der feministischen Bewegung an und war von jeher eng mit ihr verbunden. Diese Verknüpfung von Feminismus und weiblicher Homosexualität brachte jedoch nicht nur positive Konsequenzen mit sich. Von homosexualitätsfeindlichen und antifeministischen Gruppen und Personen wurde dieser Zusammenhang als Mittel zur Diskriminierung und Diskreditierung von *Lesben* und *Feministinnen* verwendet, indem diese beiden Aspekte in einen kausalen Zusammenhang gebracht wurden. Lesbischen Frauen wurde vorgeworfen, sie seien „Emanzen", die die Männerwelt bekämpfen wollten, und Feministinnen wurde unterstellt, sie seien eigentlich Lesben, womit wiederum die Argumente gegen Lesben zum Tragen kamen. Das Bewusstsein, dass zwar mitunter durchaus enge Beziehungen zwischen der Lesbenbewegung und dem Feminismus bestehen, es sich aber um zwei Bewegungen mit je eigenständiger Daseinsberechtigung handelt, konnte sich bis heute kaum durchsetzen *(vgl. Udo Rauchfleisch; in: Rauchfleisch et al. 2002: S. 27f)*.

3.2.7 1980er bis heute

Als Folge Homosexualität pathologisierender Stimmen wurde 1980 wahrscheinlich als „Kompromiss" *(vgl. Fiedler 2004: S. 44)* eine psychische Störung mit der Bezeichnung „ego-dynamische Homosexualität" in das DSM-III aufgenommen, die Menschen betreffen sollte, die zwar vorwiegend homosexuell empfanden, dadurch jedoch in einen inneren Konflikt gerieten oder ihre sexuelle Orientierung ändern wollten. 1987 wurde dieses Störungsbild jedoch wieder gestrichen, da eine schwierige Realisierungs- und Integrationsphase bei fast jedem homosexuellen Menschen vorhanden ist. Aus dem Krankheitsverzeichnis der WHO (World-Health-Organization), der ICD (International Classification of Diseases), wurde Homosexualität erst im Jahr 1992 gestrichen *(vgl. Plöderl 2005: S. 62)*.

Von den späten Achtzigerjahren an emanzipierten sich Lesben und Schwule immer mehr. Erste Lesben- und Schwulenprojekte fingen an, Lehrerinnen und Lehrer sowie Schülerinnen und Schüler über Homosexualität aufzuklären. Lesben und Schwule immer jüngeren Alters begannen, sich zu outen und die Thematisierung ihrer sexuellen Orientierung in der

Sexualerziehung einzufordern. Behördlich zuständige Stellen für gleichgeschlechtliche Lebensweisen wurden eingerichtet und schufen neue Möglichkeiten, auf den Ebenen Politik und Verwaltung Interessen von Homosexuellen durchzusetzen *(vgl. Braun/ Lähnemann 2002: S. 2f)*.

Im Jahr 1994 wurde der Paragraph 175 StGB ganz gestrichen. Damit ist erreicht, dass Homosexualität nicht mehr als kriminell eingestuft wird *(vgl. Wiesendanger 2001: S. 33)*.

Seit dem 1. August 2001 können zwei Personen gleichen Geschlechts auf Grundlage des Lebenspartnerschaftsgesetzes (LPartG) eine Lebenspartnerschaft, als homosexuelles Pendant zur heterosexuellen Ehe, bei der Gemeinde registrieren (eintragen) lassen und einen gemeinsamen Namen tragen. Ein eingetragenes Paar ist sich damit gegenseitig zum Unterhalt verpflichtet und erhält unter anderem Schutzrechte im Miet-, Erb-, Strafprozess- und Ausländerrecht. Auch können Lebensgefährtinnen und -gefährten ohne eigenes Einkommen in der gesetzlichen Kranken- und Pflegeversicherung künftig beitragsfrei mitversichert werden und im Falle dessen, dass eine Partnerin oder ein Partner auf der Intensivstation liegt, können sich die Ärzte gegenüber der Partnerin oder dem Partner nicht mehr auf die ärztliche Schweigepflicht berufen, sondern müssen Auskunft erteilen.

Viele Regelungen, insbesondere zur Einkommens- und Erbschaftssteuer sowie zum Beamtenrecht, finden sich allerdings in einem Lebenspartnerschafts-Ergänzungs-gesetz, das noch vom Bundesrat blockiert wird. In diesem Gesetz wäre dann auch geregelt, dass homosexuelle Paare den Bund fürs Leben in allen Bundesländern auf dem Standesamt schließen und nicht wie im Moment in Baden-Württemberg, Bayern, Brandenburg, Rheinland-Pfalz und Thüringen, als Unterscheidungszeichen zur Ehe, bei sonstigen Behörden.

Viele begrüßen das Lebenspartnerschaftsgesetz als Meilenstein der Gleichstellung Homosexueller und sind bereit, an den Punkten eine Fortsetzung von Diskriminierungen hinzunehmen, für die sich gerade keine Mehrheit finden lässt, wie zum Beispiel beim Adoptionsrecht. In diesem Zusammenhang wird oft die Auffassung vertreten, dass radikale Forderungen abschreckend seien und selbst geringe Fortschritte gefährden. Zuerst müsse man um momentan Erreichbares kämpfen und dann erst um Grundsätzliches.

Andere hingegen weisen darauf hin, dass die materiellen Vorteile erst im noch blockierten Ergänzungsgesetz des Lebenspartnerschaftsgesetzes geregelt sind und dass Regelungen wie das „Ehegattensplitting" auch für Homosexuelle nicht als Fortschritt betrachtet werden könnten, da es auch bisher nur gut verdienenden Ehemännern und ihren nicht erwerbstätigen Ehefrauen zugute kam.

Wieder andere kritisieren Ehe sowie Lebenspartnerschaft selbst als Quelle von Diskriminierungen und fordern eine Politik, die keine der Formen des Zusammenlebens oder

der Nähe gegenüber anderen privilegiert oder diskriminiert. Sie fordert eine Abschaffung der Ehe als Rechtsinstitut *(GEW Baden-Württemberg 2005: S. 32f)*.

3.3 Gegenwärtige Diskriminierungen

Heute wird davon ausgegangen, dass Lesbisch- und Schwulsein weder ein biologisches, medizinisches noch psychisches Problem im gleichgeschlechtlich empfindenden Menschen darstellt *(vgl. Fiedler 2004: S. 73)*. Kognitionen, Vorurteile und Fehlannahmen früherer Zeiten halten sich jedoch teilweise heute noch. So gibt es immer noch Vertreter der Meinungen, Lesben wären männliche identifiziert und Schwule weiblich, Menschen könnten durch „Verführung" homosexuell „werden", homosexuelle Menschen wollten andere „bekehren" *(vgl. Wiesendanger 2001: S. 40ff)*, Lesben hätten nur „Weichzeichnersex" und Schwule nur Analverkehr, homosexuell Orientierte hätten eine schlechte Kindheit durchlebt und wahrscheinlich sexuelle Gewalt erlitten *(vgl. Weidinger et al. 2007: S. 130f)*.

3.3.1 Homophobie und Heterosexismus

Für bestehende Vorbehalte und Vorurteile gegenüber Menschen mit „abweichender" sexueller Orientierung, die Stigmatisierungen und Ausgrenzungen beinhalten, führte Weinberg 1972 den Begriff *Homophobie* ein. Dieser Ableger der Xenophobie (einer gesteigerten Furcht vor allem, was anders, fremd oder nicht der Ordnung entsprechend ist) beschreibt eine irrationale Furcht heterosexueller Menschen im Umgang mit Homosexuellen. Durch „Homoignoranz" können homophobe Personen unangenehmen Auseinandersetzungen mit Homosexualität und auch möglichen eigenen homosexuellen Gefühlen aus dem Weg gehen. „Homonegativität" ist bereits ein Akt des bewussten Ablehnens gleichgeschlechtlich Orientierter und „Homohass" schließlich nimmt gar zerstörerischen Charakter an *(vgl. Fiedler 2004: S. 73ff)*.
Dabei entstehen irrationale Ängste, Hass, Ekel und Vorurteile, die zu homophoben Verhaltensweisen gegenüber Lesben und Schwulen führen, durch Verinnerlichung gesellschaftlicher Normen. Heterosexuelle Lebensentwürfe und -weisen werden in unserer Gesellschaft unhinterfragt vorausgesetzt und schwule und lesbische Existenz wird als Randerscheinung, beziehungsweise als bloße „sexuelle Vorliebe" abgehandelt *(vgl. GEW Baden-Württemberg 2005: S. 6)*. Der Begriff *Heterosexismus* charakterisiert die Verleugnung, Diffamierung und Bekämpfung jeder nicht-heterosexuellen Form von Verhalten, Identität,

Beziehung oder Gemeinschaft durch eine Gesellschaft. Viele Menschen übernehmen diese Wertungen und sind bestrebt, diese Vorstellungen zu erfüllen, bzw. sich von Abweichungen und deren Trägerinnen und Trägern abzugrenzen. Letztlich wertet Heterosexismus die Sexualitäten, indem es Heterosexualität als einzig wertvolle Sexualitäts- und Partnerschaftsform deklariert. Homosexualität wird in der Regel einfach ignoriert, ihr wird jede Existenzberechtigung abgesprochen. Tradiert und erwähnt wird ausschließlich die „gute" Heterosexualität. So stellen Homophobie und Heterosexismus Mittel dar, traditionelle Bilder von Männern, Frauen, Ehe etc. aufrechtzuerhalten und ist damit auch ein Mittel starker sozialer Kontrolle *(vgl. Fiedler 2004: S. 73ff)*.

3.3.2 Antihomosexuelle Gewalt

Homophobie ist in einigen Punkten durchaus mit anderen gesellschaftlich verankerten Problemen vergleichbar, wie mit Sexismus, Rassismus oder Antisemitismus. Ähnlich wie gleichgeschlechtlich Empfindenden werden auch Andersfarbige, Andersgläubige oder Menschen des anderen Geschlechts diskriminiert. Dabei sind Lesben und Schwule, anders als zum Beispiel Andersfarbige, in der Öffentlichkeit nicht ohne weiteres als solche erkennbar. Dies bietet einerseits einen gewissen Schutz, andererseits stellt sich das Problem des *Sich-gegenseitig-nicht-Erkennens*. Andersfarbige oder -gläubige erleben in ihrem nahen Lebensumfeld wie etwa der Familie in der Regel grundsätzlich ein Gefühl der Zugehörigkeit. Lesben und Schwule wachsen in der Regel bei heterosexuellen Eltern auf und entdecken oft erst nach langer Zeit ein zweites zu Hause, in der sie sich in ihrer sexuellen Identität wohl und „richtig" fühlen können. Aus tiefenpsychologischer Sicht handelt es sich bei Homophobie, wie bei Sexismus, Rassismus oder Antisemitismus, um eine meist unbewusste Angst vor der Infragestellung der eigenen Identität. Diese Angst hat mit den angegriffenen Individuen bzw. Gruppen in der Regel nichts zu tun, sondern verweist auf Unsicherheiten der Aggressoren selbst. Die sexuelle Identität (Abwehrform: Homophobie), die Geschlechtsrollenidentität (Abwehrform: Sexismus), die kulturelle (Abwehrform: Rassismus) und religiöse Identität (Abwehrform: z.B. Antisemitismus) sind vier grundlegende Formen menschlicher Identität. Wenn diese, meist unbewusst und damit uneingestanden, in Frage gestellt werden, entwickeln sich aggressive Projektionen gegen die vermeintlichen Verursacher im Umfeld (Frauen, Lesben, Schwule, Schwarze, Juden, Muslime, usw.). Am sichtbarsten wird antihomosexuelle Gewalt in Form von manifestierter physischer, psychischer und juristischer Gewalt:

- manifeste physische Gewalt

Lesben und Schwule tragen ein hohes Risiko, Opfer körperlicher Gewalt zu werden. Dabei werden Lesben eher von ihnen (gut) bekannten Personen angegriffen, Schwule eher von Fremden. „Fremde" Täter sind meist Gruppen von überwiegend männlichen Jugendlichen und jungen Erwachsenen, die in der Regel keinerlei Schuldbewusstsein haben und ihre Taten oft mit faschistoiden und rechtsradikalen Einstellungen legitimieren, beispielsweise um das Land „von Perversen zu säubern".

- manifeste psychische Gewalt

Die vielen verschiedenen Formen psychischer Gewalt gegen Lesben und Schwule lassen sich in zwei Kategorien einteilen: Diskriminierungen, die beim heterosexuellen Umfeld eher unreflektiert ablaufen und Diskriminierungen, die klar und vorsätzlich auf Lesben und Schwule abzielen. Es kommt zum Beispiel zu vorsätzlichen Fremd-Outings, Verlachen, Beschimpfungen, permanente Anspielungen, Pathologisierungen oder Mobbing. Aus allen Formen resultieren bei Lesben und Schwulen bewusst wahrgenommene, aber auch unterschwellige, vielleicht unbewusste Belastungsreaktionen.

- manifeste juristische Gewalt

Eine weitere Form von Diskriminierung geschieht durch den Staat und seine juristischen Instanzen. In diesem Fall kann von einer *struktureller Homophobie* gesprochen werden, die sich besonders in den Staaten zeigt, die Lesben und Schwule noch immer strafrechtlich verfolgen. In Deutschland wurde Homosexualität in den letzten Jahrzehnten zwar zunehmend entkriminalisiert, juristische Ungleichheit besteht jedoch weiterhin, wie sich beispielsweise an den unterschiedlichen Rechten eingetragener Lebenspartnerschaften für gleichgeschlechtliche Paare und denen der heterosexuelle Ehe ablesen lässt *(vgl. Wiesendanger 2001: S. 29ff)*.

3.3.3 Internalisierte Homophobie

In manchen Fällen verinnerlichen Lesben und Schwule antihomosexuelle Werte. Es entstehen Gefühle der Entfremdung, der Verwirrung und die eigene Homosexualität wird abgewertet, verdrängt oder abgespalten. In diesen Fällen wird von *internalisierter Homophobie* gesprochen. Dieser Begriff ist allerdings nicht unproblematisch, da die Gefahr besteht, dass der Fokus zu sehr auf das Individuum gelenkt wird und weniger auf die homophobe Gesellschaft.

Heterosexismus zeigt sich in unserer Kultur in allen gesellschaftlichen Bereichen. In den allermeisten Fällen bleibt Heterosexismus unhinterfragt. Für Lesben und Schwule bedeutet dies, dass sie in ihrer Kindheit, Jugend und auch noch als Erwachsene kaum etwas über Alternativen zu heterosexuellen Lebensentwürfen erfahren. Heterosexuelle Standards sind so allgegenwärtig, dass praktisch niemand ihnen ausweichen kann, weder heterosexuell noch gleichgeschlechtlich Orientierte. Jedoch sind die Konsequenzen für letztere tief greifender, da sie sich dauernd damit auseinandersetzen müssen, dass sie den heterosexuellen Rollenerwartungen nicht entsprechen.

Eine negative Einstellung zur eigenen sexuellen Orientierung ist mit einer schlechteren psychischen Verfassung verbunden und es kann zu verschiedenen Formen psychischer oder psychosomatischer Störungen kommen, bis hin zur Suizidalität. Es gibt aber auch eine Reihe subtilerer Formen wie Karriereverzicht oder Toleranz von diskriminierendem Verhalten *(vgl. Plöderl 2005: S. 24f)*.

3.3.4 Doppeldiskriminierung von Lesben

An den aufgeführten Zahlen zur Identitätsfindung junger Lesben und Schwuler fällt auf, dass Jungen sich deutlich weniger Umwege über das andere Geschlecht nehmen als Mädchen und so auch deutlich schneller zu einer homosexuellen Identität finden *(vgl. erste Verliebtheit und erste sexuelle Erfahrung: Kapitel 2.3.4; vgl. erstes Gefühl „anders" zu sein und Coming-Out-Alter: Kapitel 3.5.2)*.

Dies begründet sich darin, dass Mädchen einem stärkeren gesellschaftlichen Erwartungsdruck erliegen, heterosexuell zu funktionieren, und sich ihrer homosexuellen Gefühle erst später bewusst werden, sowie daran, dass Frauen in unserer Gesellschaft keine eigenständige Sexualität zugeschrieben wird und sie sich selbst in Folge dessen auch nicht. Denn Lesben erfahren in unserer Gesellschaft Diskriminierungen nicht nur als Lesbe, sondern auch als Frau. Lesbische Frauen werden im Gegensatz zu schwulen Männern kaum wahrgenommen *(vgl. Jacqueline Frossard; in: Rauchfleisch et al. 2002: S. 95)*. Es liegt an der grundsätzlich geringer eingestuften Wichtigkeit von Frauen, dass Lesbischsein oft leichter akzeptiert wird, da nicht ernst genommen, als Schwulsein, wobei Schwulen mehr offener Hass entgegenschlägt als Frauen *(vgl. Wiesendanger 2001: S. 85)*. In unserer Gesellschaft wird Sexualität männlich definiert, Frauen wird keine eigenständige Sexualität zugesprochen. So versuchen (oft auch lesbische) Frauen, Sexualität nicht durch sich selbst, sondern über Männer zu entdecken und haben die Vorstellung, erst Männer bringen ihnen Sexualität bei. So erleben lesbische

Mädchen und Frauen auch erst spät oder gar nicht, dass sie schon immer Frauen begehrten *(vgl. Wiesendanger 2001: S. 89)*. Nur männliche Sexualität wird mit Selbstständigkeit, Power und Spaß assoziiert. Lesben gelten eher als hässliche und ungepflegte Mannweiber, Perverse, Kranke, Männerhasserinnen, Kriminelle oder „Sexmonster" *(vgl. Hartmann et al. 1998: S. 162)*. Die öffentlichen Darstellungen über Lesben sind meist dermaßen negativ, dass gerade Mädchen und Frauen im Coming-Out nicht zu dieser Gruppe gehören und sich eher von ihr abgrenzen wollen, zumal diese Darstellung in der Regel sehr wenig oder gar nichts mit ihren eigenen, positiven homosexuellen Gefühlen und Erfahrungen zu tun haben. Mit dieser Abgrenzung wird jedoch zum Teil das Ziel erreicht, das mit solch einer diffamierenden Darstellung angestrebt wird, nämlich dass Mädchen sich nicht nur abgrenzen, sondern sich auch nicht als „lesbisch" erkennen/ definieren wollen *(vgl. Hartmann et al. 1998: S. 166)*.

„Bestenfalls" wird lesbisches Leben völlig ignoriert und tabuisiert, doch gerade diese Ignoranz ist der Hauptfeind von Lesben *(vgl. Hartmann et al. 1998: S. 162)*. Zum Beispiel ist in Berichten über Homosexualität oft nur von Männern die Rede, so beispielsweise im Kontext von Lebenspartnerschaft („Schwulenehe") oder der offiziellen Schwulen- und Lesbendemo (kurz: „Schwulendemo"). Diese bevorzugte Behandlung wird fälschlich oft als Hinweis dafür gesehen, dass Lesben weniger diskriminiert werden. Dieser angebliche Schutz zum Preis der Nichtexistenz stellt jedoch eine zusätzliche Diskriminierung dar und fördert Homophobie bei lesbischen Frauen und Mädchen selbst sowie in der Gesellschaft, wenn diese sich gar nicht mit Lesben befasst und diese so weiterhin als rätselhaft und damit als unheimlich gelten *(vgl. Jacqueline Frossard; in: Rauchfleisch et al. 2002: S. 96)*.

Die gesellschaftliche Institution der Heterosexualität ist ein Grundpfeiler der Männerherrschaft. Um Heterosexualität als Zwangsheterosexualität zu entlarven, muss die Frage nach den Sanktionen und Machtmitteln gestellt werden, mit denen im Verlauf der Geschichte die Verbindung von Frauen mit Männern erzwungen und untermauert wurden und mit deren Hilfe gleichzeitig Paarbeziehungen von Frauen verhindert und bestraft wurden *(vgl. Hartmann et al. 1998: S. 60)*. Lesbische Mädchen und Frauen sind eine Provokation für eine Gesellschaft, die die Verfügbarkeit von Frauen für männliche Interessen konzipiert. Weibliche Homosexualität symbolisiert die Unmöglichkeit dieses Zugriffs und somit eine Weigerung, nach patriarchalen Normen zu funktionieren. Die existierende Diskriminierung lesbischer Lebensweisen hat daher ohne Zweifel zum Ziel, diese Verweigerung zu sanktionieren und dadurch Anpassung an heterosexuelle Verhaltensnormen zu erreichen *(vgl. Hartmann et al. 1998: S. 161)*.

Ein weiterer Unterschied zwischen den Geschlechtern besteht im Verhältnis zum jeweils anderen Geschlecht. Während schwule Jungen und Männer bei vielen weiblichen

Heterosexuellen durchaus beliebt sind, gilt für Lesben das Gegenteil: Sie stoßen oftmals auf Ablehnung oder auf lüsternes Interesse, das Lesben oft erniedrigt oder beleidigt. Sobald eine Lesben selbstbewusst, erfolgreich und unabhängig auftritt, gilt sie zudem oft als Konkurrenz. In diesem Fall wird Homosexualität nicht selten dazu benutzt, sie zu diffamieren *(vgl. Jacqueline Frossard; in: Rauchfleisch et al. 2002: S. 96)*.

Die allgemeine Herabsetzung von Frauen und Aufwertung von Männern schlägt sich auch im Selbstbild von Mädchen nieder. Eine bewusste und unbewusste Identifizierung mit frauenfeindlichen Inhalten begründet Selbstabwertung und ein Sich-Distanzieren vom eigenen Geschlecht *(vgl. Hartmann et al. 1998: S. 124)*. *„Sich als Frau in welcher Form auch immer von Frauen zu dissoziieren ist der Versuch, die Zugehörigkeit zu demselben Geschlecht unwirksam zu machen, das eigene Geschlecht zu leugnen und als Makel zu empfinden"* (Hartmann et al. 1998: S. 124). Dass Frauen nicht beigebracht bekommen, sich mit anderen Frauen zu vernetzen und diese Verbindungen als Stärke anzusehen und die Tatsache, dass Frauen über weniger Einkommen verfügen als Männer, mag Grund dafür sein, dass Schwule in jeder größeren Stadt auf ein umfangreiches Angebot an Treffpunkten treffen, während selbst in den größten Städten Deutschlands das Angebot für Lesben sehr klein ist *(vgl. Jacqueline Frossard; in: Rauchfleisch et al. 2002: S. 96f)*. Bei Jugendlichen kommt erschwerend hinzu, dass vorhandene Angebote vielleicht in einer anderen Stadt sind und nicht selten für Minderjährige nicht zugänglich (dies gilt im Grunde auch für schwule Jungen), so dass sie kaum Gelegenheiten haben, Gleichgesinnte zu treffen und damit die eigene Identität und Wertschätzung sich selbst gegenüber zu etablieren und zu entwickeln oder Angebote auszuwählen, die ihnen entsprechen (Wahlmöglichkeit).

Die Institution Schule kann dazu beitragen, hetero- wie homosexuellen Mädchen entsprechende Räume zu verschaffen. Da Unterdrückung und Diskriminierung von lesbischen Mädchen in einer patriarchalen Gesellschaft eng mit der allgemeinen Diskriminierung von Mädchen und Frauen zusammenhängt, werden durch das Wertschätzen und Respektieren von allen Mädchen auch lesbische Mädchen wertgeschätzt und respektiert. Mädchen müssen als Subjekte anerkannt werden, die einen Eigenwert besitzen und in ihrer Selbstbestimmung gegenüber Jungen unterstützt werden.

3.4 Folgen von Homophobie und Heterosexismus

Die beschriebene Grundsituation ist Nährboden für viele endogene und exogene Stressoren homosexueller Menschen, die mit Identitätsfindung und Coming-Out zusammen hängen und Krisen auslösen können. Das, was nicht sein darf, will an die Oberfläche. Dieser innere Kampf äußert sich bei einigen durch destruktive Abwehrreaktionen. Gerade bei Jugendlichen fällt die Gewissheit über die ungewöhnlichere sexuelle Identität in die ohnehin schwierige Zeit der Pubertät und bringt eine Reihe von psychischen und sozialen Problemen mit sich *(vgl. Hurrelmann 2007: S. 121)*. Mit zunehmender Bewusstwerdung regen sich in ihnen nicht selten selbst die „minderwertigen" oder „sündigen" Gefühle, die sie bereits von der Gesellschaft übernommen haben, und es kommt zu einer Zerrissenheit zwischen den aufkeimenden Gefühlen und den übernommenen Moralvor-stellungen und Erwartungen der Umwelt.

Direkte Unterstützung von außen erfahren nur wenige. Umso wichtiger sind für sie Modelle, die ihnen vormachen, dass es möglich ist, homosexuell zu leben, und Informationen, durch die sie sich über Homosexualität informieren können. Doch auch das weitgehende Fehlen von Modellen und Informationen ist Folge einer heterosexistischen und homophoben Gesellschaft:

3.4.1 Fehlende Modelle

Homosexuelle Jugendliche können kaum auf offen homosexuell lebende Modelle zurückgreifen und haben in der Regel auch keine Kindheitserinnerungen an Lesben oder Schwule. Oftmals sind die einzigen präsenten Homosexuellen unerreichbare Stars aus der Mode-, Musik- und Fernsehbranche, die den Jugendlichen nicht als greifbare Orientierungshilfen zur Verfügung stehen. Das Problem der fehlenden Modelle belastet besonders in der Zeit des Coming-Outs. In dieser schwierigen Phase haben Jugendliche oft kaum jemanden, mit dem sie über ihre Gefühle sprechen können *(vgl. Hurrelmann 2007: S. 121)*. In Ermangelung greifbarer Vorbilder müssen sich junge Lesben und Schwule meist auf Informationen ihrer Umwelt verlassen.

3.4.2 Fehlende Informationen

In der Studie *Sie liebt sie. Er liebt ihn (1999)* hatte jedes fünfte Mädchen und jeder dritte Junge zu Beginn ihres bzw. seines Coming-Out keinerlei Informationen über Homosexualität. Einerseits mangelt es an grundlegender Information über partnerschaftliche, soziale und rechtliche Aspekte, andererseits an Information zu Unterstützungsangeboten anderer Lesben und Schwuler. Die Mehrheit der befragten Jugendlichen gab an, dass das Thema Homosexualität auch in der Schule nicht oder unzureichend behandelt wurde oder dass falsche und vorurteilsbelastete Informationen weitergegeben wurden *(vgl. Senatsverwaltung für Schule, Jugend und Sport 1999: S. 22f)*. Dabei verwundert es nicht, dass sich gleichgeschlechtlich orientierte Jugendliche wünschen, dass in der Schule und in anderen Einrichtungen, die sie mit Gleichaltrigen teilen, selbstverständlicher über Lesbisch- und Schwulsein gesprochen wird. Denn viele Jugendliche erleben sich als Außenseiterinnen bzw. Außenseiter, da sie bei Themen wie Erfahrungen mit dem anderen Geschlecht oder dem ersten Verliebtsein nicht mitreden können. Die eigene Unklarheit über die eigene sexuelle Orientierung („anders sein", *vgl. Kapitel 3.5.2*) oder die Angst vor möglichen negativen Reaktionen hindern die meisten daran, Homosexualität selbst zu thematisieren, und zwingt sie, die Rolle stiller Beobachterinnen und Beobachter, so zu sagen die Position von „Zaungästen" einzunehmen.

3.4.3 Mangelnder Selbstwert

Das Bedürfnis, sich anderen mitzuteilen, verstanden und akzeptiert zu werden, wird unterdrückt. So entstehen Selbstzweifel und Einsamkeitsgefühle und junge Lesben und Schwule gehen davon aus, die einzigen gleichgeschlechtlich Orientierten in ihrem sozialen Umfeld zu sein. Manche empfinden Angst, Scham- oder Schuldgefühle und vielfach kommt es zu Stillstand und Stagnation, die sich im Unvermögen sich zu äußern, mangelnder Selbstakzeptanz, im Spielen einer Doppelrolle, in starker Selbstkontrolle, im Vermeiden sozialer Situationen und dem Gefühl, sich immer erklären zu müssen, manifestieren.
Mangelnder Selbstwert führt hier nicht selten in die Isolation. Viele verbringen die Zeit des inneren Coming-Outs in völliger Zurückgezogenheit und fühlen sich „den Anderen" nicht zugehörig.

Diese Belastungen führen oft durch Konzentrationsschwierigkeiten und mangelndem Interesse am Unterricht und der Institution Schule zu schulischen Problemen. Andere wiederum flüchten auch in die Arbeit und stürzen sich übermäßig intensiv darauf.

3.4.4 Substanzmittelmissbrauch und Psychosomatik

Es kann zu einer ganzen Vielfalt von Verhaltensauffälligkeiten kommen wie unbequemes, störendes und freches, oder aber übertrieben angepasstes Verhalten in der Klasse, Kämpfe und Rangeleien, „megacooles" und extrem stärkebetontes Verhalten, sowie Missbrauch von Alkohol und anderen Drogen *(vgl. Kersten 2001: S. 12f)*. Nach Gottfried Waser ist vor allem die Alkohol-Abhängigkeitsrate junger lesbischer Frauen höher als die junger heterosexueller Frauen *(vgl. Gottfried Waser; in: Rauchfleisch et al. 2002: S. 199)*. In Lähnemanns Studie gaben 38% der weiblichen und 25% der männlichen Befragten an, schon einmal mit Alkohol auf Probleme reagiert zu haben, 19% der Mädchen und 12% auch mit Drogen *(vgl. Senatsverwaltung für Schule, Jugend und Sport 1999: S. 66f)*.

Ebenso können psychosomatische Beschwerden auf soziale und internalisierte Homophobie hinweisen wie Ess- oder Schlafstörungen. Dabei sind Essstörungen auch hier immer noch vorrangig ein frauenspezifisches Thema. Jedoch ist davon abzusehen, vor allem Anorexie als Ablehnung der eigenen Weiblichkeit zu interpretieren. Diese Information ist – auch in Bezug auf heterosexuelle Frauen und Mädchen – äußerst unvollständig und bisweilen auch falsch *(vgl. Jacqueline Frossard; in: Rauchfleisch et al. 2002: S. 188)*.

3.4.5 Depression und Suizidalität

Vor allem Depressionen, die oftmals zu Suizidalität führen, sind äußerst häufig. Wie bereits in Kapitel 2.2.1 erwähnt, sind Jugendliche im Allgemeinen aufgrund ihrer Gehirnentwicklungen in dieser Zeit besonders gefährdet, an Depression zu erkranken. In Untersuchungen, die sich mit Selbstmordgefährdung auseinandersetzen, sind lesbische und schwule Jugendliche überrepräsentiert: Studien sprechen von einer doppelten bis sechsfachen Häufigkeit von Selbstmordversuchen bei homosexuellen Menschen im Vergleich zu heterosexuellen *(vgl. Hartmann et al. 1998: S. 180)*.

Dabei sind vor allem Mädchen und Frauen betroffen. Die höchste Rate liegt hier zwischen 15 und 24 Jahren, Männer sind eher zwischen ihrem 26. und 35. Lebensjahr betroffen. Besonders gefährdet sind Menschen mit einem niedrigen sozialökonomischen Status, niedrigem Selbstwert und fehlender sozialer Unterstützung, Singles, Menschen mit Behinderungen und Menschen mit Substanzmittelmissbrauch. Kommen bei einer Person Viktimisierungs- und Diskriminierungserfahrungen, internalisierte Homophobie und sexuelle Inaktivität zusammen, ist sogar von einer 14mal höheren Gefährdung zur Suizidalität die Rede *(vgl. Plöderl 2005: S. 88f)*. Dabei sind Suizidversuche die stärksten Indikatoren für einen späteren Suizid *(vgl. Plöderl 2005: S. 88)*.

In Lähnemanns Studie gaben 64% der Mädchen und 56% der Jungen an, schon einmal daran gedacht zu haben, ihrem Leben ein Ende zu setzen. Die Mädchen waren zum Zeitpunkt, als sie daran dachten, sich das Leben zu nehmen, zwischen 12 und 25 Jahre, die Jungen zwischen zehn und 23 Jahre alt. Sechs von zehn Mädchen und 35% der Jungen waren unter 16 Jahre, beide Geschlechter meist 14 oder 15 Jahre alt.

Jeweils 18% der Befragten hatten mindestens einen Suizidversuch hinter sich. Unter 16 Jahre waren zum Zeitpunkt des ersten Versuches über die Hälfte der Mädchen und 40% der Jungen. Dies geschah bei 58% der Mädchen und 20% der Jungen vor ihrem inneren Coming-Out und bei 16% der Mädchen und 35% der Jungen im gleichen Jahr, in dem sie auch ihr Coming-Out hatten. Aufgrund der Fragestellung im Fragebogen der Studie kann hier im Nachhinein leider nicht mehr ermittelt werden, ob es in diesen Fällen vor oder nach dem Coming-Out zum Selbstmordversuch kam *(vgl. Senatsverwaltung für Schule, Jugend und Sport 1999: S. 68ff)*. Die erhöhte Suizid- und Suizidversuchsrate ist als ein Indiz dafür zu sehen, dass homosexuellen Personen unter der vorherrschenden sozialen Unterdrückung leiden *(vgl. Plöderl 2005: S. 12)*.

3.5 Coming-Out

Die Bewältigung des Coming-Out-Prozesses ist Voraussetzung für die individuelle Entwicklung einer stabilen Identität (Ich-Stärke), für Selbstwert und den Aufbau tragfähiger sozialer Ressourcen. Die Vielfalt von Problemen im Zusammenhang mit Coming-Out macht deutlich, was für eine hohe Bedeutung diesem Prozess zukommt. Da sich während der Adoleszenz bei Jugendlichen vieles verändert, ist dieser Zeitraum geradezu prädestiniert dafür, dass sich in ihm auch die sexuelle Orientierung herauskristallisiert. Die Belastung einer homophoben Gesellschaft kann zu verschiedenen Verdrängungsmechanismen führen. Homosexuelle Jugendliche gehen oft zuerst der Konvention einer heterosexuellen Orientierung nach und orientieren sich bei der Entdeckung ihrer eigenen Sexualität und Bedürfnisse oft zuerst gegengeschlechtlich.

Der Begriff *Coming-Out* wird in der Literatur mehrdeutig verwendet, in Bezug auf Selbstakzeptanz und Akzeptanz der eigenen Homosexualität, einer beginnenden Frequentierung der eigenen Homosexualität und der Identifikation gegenüber anderen als homosexuell. Genau diese drei Bedeutungen sind gleichzeitig die wichtigsten Schritte in der Identifikationsentwicklung und sind eng miteinander verbunden *(vgl. Plöderl 2005: S. 22)*. Oft wird der Begriff *Coming-Out* auf das Bekanntmachen der eigenen Homosexualität beschränkt. Den innerpsychischen Vorgängen des Gewahrwerdens wird dabei aber zu wenig Beachtung geschenkt, denn dem Schritt des An-die-Öffentlichkeit-Gehens geht oft ein jahrelanger (oder gar jahrzehntelanger) Identitätsfindungsprozess voraus, das so genannte *Prä-Coming-Out (vgl. Rauchfleisch 2002: S. 38)*.

Der Begriff *Prä-Coming-Out* umschreibt die Zeit von der Geburt bis zu der inneren Akzeptanz der eigenen sexuellen Orientierung und ihrer Darstellung nach außen. Diese Phase kann unterschiedlich lange dauern, insbesondere was die Zeitspanne des Wahrnehmens betrifft. Gar nicht selten gelingt der Schritt zur Eigenakzeptanz oder zum Coming-Out gegenüber der Außenwelt auch nie und das Nicht-Wahr-Haben-Wollen wird zur Lebenslüge *(vgl. Udo Rauchfleisch; in: Rauchfleisch et al. 2002: S. 38ff)*.
Viele Lesben und Schwule berichten davon oft „schon immer" das Gefühl gehabt zu haben, „anders" zu sein, auch als sie noch keine Gewissheit über ihre homosexuelle Präferenz hatten oder diese auch noch gar nicht ahnten *(vgl. Senatsverwaltung für Schule, Jugend und Sport Berlin 1999: S. 19ff)*. Auch Eltern nehmen oft sehr früh wahr, dass ihr Kind „irgendwie anders" ist. Die Zeit vor der Bewusstwerdung kann also nicht als „noch heterosexuelle" Zeit gesehen werden *(vgl. Udo Rauchfleisch; in: Rauchfleisch et al. 2002: S. 39)*.
Das so genannte *eigentliche Coming-Out* meint den Prozess der Erlangung einer Gewissheit und inneren Akzeptanz bezüglich der eigenen Homosexualität. Der destruktive innerpsychische Kampf wandelt sich zu einem bedeutenden Schritt hin zur eigenen Identität, wodurch Lesben und Schwule an Selbstwert gewinnen. Dieser bekräftigt oft den Wunsch, auch nach außen hin zu sich und seiner sexuellen Orientierung zu stehen und so eine neue Authentizität zu bieten und zu genießen *(vgl. Udo Rauchfleisch; in: Rauchfleisch et al. 2002: S. 41)*, obwohl gleichzeitig ablehnende Reaktionen der Umwelt befürchtet werden und oft auch auftreten *(vgl. Hurrelmann 2007: S. 121)*.
Zur Integration der Homosexualität in die eigene Identität ist es wichtig, andere davon wissen zu lassen. Ein Indiz dafür ist die Korrelation zwischen positiver Selbst-Definition und Selbstakzeptanz (geringere internalisierte Homophobie) mit der Offenheit und dem Geoutet-Sein in der Familie *(vgl. Plöderl 2005: S. 22)*. In diesen Erfahrungen liegt eine große Chance zur

generellen psychischen Reifung, durch die ein Coming-Out über die sexuelle Identitätsfindung hinaus zu einem umfassenden Wendepunkt in der Persönlichkeitsentwicklung werden kann *(vgl. Udo Rauchfleisch; in: Rauchfleisch et al. 2002: S. 41).*

Der Begriff des *integrierten Coming-Outs* steht dafür, den oft langen, meist immer wieder mit Rückschlägen verbundenen Weg der sexuellen Identitätsfindung und des Vor-Anderen-Zu-Sich-Stehens hinter sich zu haben. Wenn von Lesben und Schwulen gesprochen wird, wird sich in der Regel auf diese Gruppe bezogen, dabei macht sie nur einen Teil der gleichgeschlechtlich Empfindenden aus *(vgl. Udo Rauchfleisch; in: Rauchfleisch et al. 2002: S. 46ff).*

3.5.1 Die 6 Phasen des Coming-Outs nach Cass

Eines der bekanntesten und auch empirisch überprüften theoretischen Identitätsentwicklungsmodelle ist das Stufen-Modell von Vivienne Cass. Es beschreibt sechs Phasen, in denen jeweils eine Inkongruenz zwischen Identität, Verhalten und Erleben und dem Fremdbild aufzulösen ist. Dabei kann die Identitätsentwicklung in jeder Phase unter Gebrauch phasenspezifischer Abwehrmechanismen (vorläufig) einen Abschluss finden. Was passiert mit einer Person, die sich zur „normalen" Mehrheit zählt und nun feststellen und auch innerlich akzeptieren muss, dass es nicht so ist? Cass zeigt die Dynamik in der Entwicklung von einem intrapersonellen System („Ich bin heterosexuell.") zu einem völlig anderen („Ich bin homosexuell.") und wie die Entwicklung in jeder Phase stagnieren kann. Diese möglichen Austrittspunkte werden in der folgenden Modell-Darstellung mit „→ Stagnation" symbolisiert. Cass weist ausdrücklich darauf hin, dass die konstruierten Phasen nicht für alle homosexuellen Frauen und Männer zutreffen müssen *(vgl. Plöderl 2005: S. 37ff).*

1. Phase: Identitätskonfusion

Die Person wird sich bewusst, dass Informationen, Gefühle, Gedanken und Verhaltensweisen im Zusammenhang mit Homosexualität eine persönliche Relevanz haben. Wird diese Bedeutung als *unberechtigt und inakzeptabel* gewertet, wird Homosexualität verleugnet und negativ besetzt → *Stagnation*. Wird die Bedeutung als *berechtigt, aber inakzeptabel* eingeordnet, kann ein heterosexuelles Selbstbild nicht erhalten, ein homosexuelles jedoch nicht angenommen werden → *Stagnation*. Selbsthass kann eine Folge einer solchen Ambivalenz sein. Wird die Bedeutung als *berechtigt und akzeptabel* angesehen, steigt die Inkongruenz und das Selbstbild muss verändert werden:

2. Phase: Identitätsvergleich

Die Person wird sich zunehmend darüber klar, dass sie „anders" ist. Sie gehört nicht mehr zur Mehrheit der Gesellschaft und unterscheidet sich damit grundlegend von Personen in der eigenen Familie und im Freundeskreis. Heterosexuelle Normen, Rollen und Zukunftspläne verlieren mehr und mehr an Bedeutung. Diese Bewusstwerdung bringt bei vielen ein Gefühl der Isolation mit sich. Diese können den Wunsch entstehen lassen, die eigene Homosexualität und das eigene Selbstbild zu ändern, also homosexuelles Verhalten zu unterdrücken → *Stagnation*. Dies führt zu Selbstabwertung und möglichen Krisen bis hin zum Suizid. Möglich ist auch, dass homosexuelle Empfindungen und homosexuelles Verhalten akzeptiert werden, nicht aber ein homosexuelles Selbstbild. Gleichgeschlechtliches Verhalten wird dann als „ausnahmsweise", „vorübergehend" oder „Übergangsbisexualität" bewertet, was allerdings zu Selbsthass führen kann → *Stagnation*. In die dritte Phase wird übergegangen, wenn dieses „Anderssein" positiv bewertet wird, eventuell als Bestätigung eines alten Gefühls.

3. Phase: Identitätstoleranz

Durch die zunehmende Tolerierung der eigenen homosexuellen Identität werden sich nun auch soziale, emotionale und sexuelle Bedürfnisse eingestanden. An diesem Punkt wird oft die homosexuelle Szene aufgesucht. Dabei kann es zu solch „abschreckenden" Erfahrungen kommen (nicht selten selbst herbeigeführt durch eigene Gehemmtheit, Scheu oder Angst vor dem Anonymitätsverlust), dass dies die Entwicklung hemmt und homosexuelles Verhalten folglich unterdrückt wird → *Stagnation*. Werden positive Erfahrungen gemacht oder können negative oder neutrale Eindrücke verkraftet werden, führt der Kontakt mit lesbischen Frauen und schwulen Männern, die ihre Homosexualität akzeptieren, zu einer Aufwertung des Selbstbildes. Soziale Kontakte (Freundschaften, Partnerschaften) können gefunden werden, ebenso wie Rollenvorbilder, Know-how und soziale Unterstützung.

4. Phase: Identitätsakzeptanz

Ziel dieser Phase ist die Aufhebung der Inkongruenz des Selbstbildes mit dem Fremdbild. Dies kann zum Beispiel durch Veränderungen des sozialen Netzes passieren wie ein Reduzieren von Kontakten zu heterosexuellen Personen („Ghettorisierung") oder ein Umzug in eine fremde Großstadt, aber auch durch Coming-Out. Sind die Erfahrungen, die beim Coming-Out gemacht werden, positiv, so ist die Identitätsentwicklung abgeschlossen. Sind die Erfahrungen negativ, führt dies zur nächsten Stufe:

5. Phase: Identitätsstolz

Die betreffende Person entwickelt hinsichtlich ihrer sexuellen Orientierung ein positives Selbstwertgefühl, obwohl sie in der Gesellschaft auf Ablehnung stößt. Um mit diesem Widerspruch fertig zu werden, werden (zunächst) selektiv negative Aspekte an Heterosexualität gesucht und Homosexualität wird aufgewertet. Dadurch wird die Signifikanz der Negativbewertungen durch heterosexuelle Personen herabgesetzt. Oft kommt es durch diesen Stolz doch noch zu positiven Coming-Out-Erfahrungen:

6. Phase: Identitätssynthese

Durch Wertschätzung von Seiten heterosexueller Menschen wird die negative Sicht auf Heterosexualität relativiert. Auch wenn die eigene Homosexualität in der Gesellschaft keine allgemeine Zustimmung findet, kann sie dennoch voll in die eigene Identität integriert werden.

Dieses Modell hat viele Vorzüge gegenüber anderen Modellen. Neben den bereits genannten ist anzumerken, dass diese sechs Phasen sehr viele Aufgaben umfassen, die in der Identitätsentwicklung zu lösen sind. Außerdem können auch „klassische" kritische Momente abgeleitet werden, in denen es zu Krisen kommen kann.

Allerdings hat das Modell auch ein paar kritische Punkte. Es ist zum Beispiel denkbar, dass bereits in der dritten Phase ein Coming-Out erfolgt. Des Weiteren ist eine Integration in die homosexuelle Szene vermutlich erleichternd, doch keine unbedingte Voraussetzung für ein Coming-Out. Weiter ist fraglich, ob die fünfte Phase als Weiterentwicklung zu bewerten ist. Der zeitliche oder hierarchische Aufbau von Stufenmodellen wird außerdem zunehmend als unzureichend angesehen *(vgl. Plöderl 2005: S. 37ff).*

3.5.2 Coming-Out im Jugendalter (Zahlen)

In Lela Lähnemanns Studie *Sie liebt sie. Er liebt ihn (vgl. Senatsverwaltung für Schule, Jugend und Sport 1999)* hatten 47% der Mädchen bereits zwischen ihrem 11. und 16. Lebensjahr und 75% der Jungen zwischen ihrem siebten und 16. Lebensjahr das Gefühl „anders" zu sein. Zu diesen Zeitpunkten der ersten Vermutung „anders" zu sein, hatte ein Drittel der Jungen keine Informationen über Schwulsein und sogar 44% der Mädchen wussten nichts über Lesbischsein. Überhaupt kein Wissen zu den Themen Homosexualität, Schwulsein oder Lesbischsein hatten jedes fünfte Mädchen und jeder dritte Junge. Diese Informationen, die bei den Mädchen nur zu drei Vierteln und bei den Jungen nur zu 56% akzeptierend oder positiv waren, kamen vorrangig aus Gesprächen, dem Fernsehen, Jugendmagazinen oder aus der Schule. Drei Viertel der Jugendlichen kannten bis zur Entdeckung ihrer eigenen homoerotischen Gefühle keine Homosexuellen ihres Geschlechts.

Von diesem ersten Gefühl „anders" zu sein bis zu dem Zeitpunkt, zu dem sich die Jugendlichen sicher waren, homosexuell zu sein, lagen bei den Teilnehmerinnen und Teilnehmern ein paar Monate bis hin zu acht (Mädchen) bzw. 12 Jahren (Jungen). Bei 26% der Mädchen und Jungen betrug der Zeitraum ein Jahr oder weniger, bei 38% der Mädchen und 56% der Jungen zwei bis fünf Jahre und bei 14% der Mädchen und 8% der Jungen sechs Jahre oder länger.

15% der Mädchen und 37% der Jungen berichteten, dass sie sich bereits im Alter bis 16 Jahren sicher waren, homosexuell zu sein. Das jüngste genannte Alter lag bei den weiblichen Befragten bei 12 Jahren, bei den männlichen Befragten bei 9 Jahre.

Auf die Frage, was ihnen geholfen hat, sich sicher zu werden, nannten die Jugendlichen vor allem Freundschaften mit anderen Lesben oder Schwulen, Liebesbeziehungen oder sexuelle Erfahrungen, aber auch Informationen, Vorbilder oder homoerotische Phantasien. Diese Erlebnisse sind als Zeitpunkte zu sehen, die Jugendliche so bestätigen, dass sie „endlich", nach einem bereits mehr oder weniger langen Vorlauf, den Schritt wagen, sich ihre Homosexualität einzugestehen, eine Beziehung einzugehen und/ oder sich auch nach außen hin zu outen *(vgl. Senatsverwaltung für Schule, Jugend und Sport Berlin 1999: S. 19ff)*. Bevor Jugendliche sich outen, zögern sie die Bekanntgabe ihrer Sexualität vor allem Erwachsenen gegenüber hinaus. Freundinnen und Freunde, Mitschülerinnen und Mitschüler sind die ersten, die davon erfahren *(vgl. Hurrelmann 2007: S. 121)*. Auch aus diesem Grund kommt der Schule als Institution eine besondere Bedeutung zu.

4. Lebensraum Schule

Über 20.000 Stunden verbringt ein Kind heutzutage in der Schule. Die Verweildauer von Kindern und Jugendlichen in der Schule ist in den letzten 50 Jahren durch die Verlängerung der obligatorischen Schulzeit deutlich gestiegen, sodass heute durchaus davon gesprochen werden kann, dass die Jugendphase in erster Linie eine Schulphase ist. Der schulische Erfahrungsraum ist zu einer die Biografie wesentlich beeinflussenden Einrichtung geworden *(vgl. Drilling 2001: S. 24).*

Die in Kapitel 2 angesprochene Balance zwischen Integrationsanforderungen und Individuationsprozessen, die Jugendliche in der Adoleszenz bewältigen müssen, verlagert sich in dieser Zeit in die Sozialisationsinstanz Schule, die für Jugendliche zu einem zunehmend wichtigen sozialen Bezugssystem wird *(vgl. Fend 2000: S. 93).* Dabei haben Schulen vielfältige Funktionen im Sozialisationsprozess. Sie erfüllen die Funktion der Wissensvermittlung und der intellektuellen und sozialen Kompetenzbildung, leisten für die Gesellschaft die Aufgabe der sozialen Integration und sortieren Jugendliche nach ihren individuellen Leistungen für den Arbeitsmarkt *(vgl. Hurrelmann 2007: S. 94).* Die Institution Schule übt ihre Sozialisationseffekte also nicht nur über Lehrpläne aus, sondern auch über einen „heimlichen Lehrplan", der sich aus dem zusammen gelebten Alltag ergibt und ist deshalb nicht nur als zentraler Ort des kognitiven, sondern auch des sozialen Lernens zu sehen *(vgl. Hurrelmann 2007: S. 97).*

Dass sich Jugendliche untereinander stark beeinflussen, ist eine bekannte Alltagserfahrung *(vgl. Kapitel 2.3.1).* Innerhalb des Systems von Schulklassen lässt sich eine Vielfalt von sozialen Stellungen und Rollen ausmachen:

- *vernachlässigte* Jugendliche,
  die wenig beachtet werden, ohne eigentlich unbeliebt zu sein
- *durchschnittlich beliebte* Jugendliche,
  die nicht sehr auffallen, aber durchaus einige Kontakte haben
- *kontroverse* Jugendliche,
  die teils beliebt sind, jedoch bei vielen auch Ablehnung hervorrufen
- *scheue und zurückgezogene* Jugendliche,
  die von sich aus wenig Kontakt suchen
- *traurig-depressive* Jugendliche,
  die ihrer Klasse wenig zu bieten haben
- *anerkannte und geachtete* Jugendliche,
  die jedoch nicht besonders viel Zuneigung hervorrufen

- *soziale* Jugendliche,
  die besonders durch Hilfsbereitschaft auffallen
- *beliebte* Jugendliche,
  die fast alle gerne in ihrer Nähe haben

(vgl. Hurrelmann 2007: S. 317f)

Lesbische und schwule Jugendliche werden an Schulen in jeder dieser Gruppen zu finden sein. In Anbetracht dessen, dass sich lesbische und schwule Jugendliche zum Beispiel oft „anders" und einsam fühlen, kann jedoch überlegt werden, in welchen Zusammenhängen dies mit ihren sozialen Stellungen in ihren Klassen zusammenhängen könnte. Jugendliche, die sich in schwierigen psycho-sozialen Situationen (wie einem Coming-Out) befinden, fehlt die Chance, sich gefahrlos öffnen zu können *(vgl. Hurrelmann 2007: S. 321)*.

Sozialisationsinstanzen haben einen Doppelcharakter als gesellschaftlich prägende und zugleich individuell gestaltbare Institutionen. Schulen können erst dann erfolgreich ihre Aufgabe der Integration von Jugendlichen in bestehende Sozialstrukturen erfüllen, wenn sie einen ausreichenden Spielraum für Individuation und Individualität anbieten.

In der Institution Schule wird ein hohes Maß an sozialer Anpassung verlangt und zugleich intensive Disziplinierung und Zurückstellung eigener Bedürfnisse und Neigungen. Schülerinnen und Schüler, die diesen Anforderungen nicht gerecht werden, weil sie etwa den gesellschaftlichen „Forderungen" nach Heterosexualität und mehr oder weniger traditionellen Geschlechterrollen nicht entsprechen, oder die durch internalisierte Homophobie bei eigener Homosexualität dekonstruktive Abwehrmechanismen entwickeln, haben wenig Möglichkeiten, von Schule zu profitieren. Stattdessen geraten sie in Gefahr, von Systemzwängen in die Defensive gedrängt oder sogar überrollt zu werden *(vgl. Fend 2000: S. 93f)*.

Jugendliche sind zumeist von einem heterosexuellen Umfeld umgeben. Die wenigsten homosexuellen Jugendlichen haben das Glück, andere Homosexuelle zu kennen. Sie erfahren wenig Unterstützung in ihrer gleichgeschlechtlich orientierten Identitätsfindung. Auch in der Institution Schule wird das Thema „Homosexualität" selten aufgegriffen und wenn, dann zumeist männliche Homosexualität in Verbindung mit Geschlechtskrankheiten *(vgl. GEW Baden-Württemberg 2005: S. 5)*.

Wie kommt Homosexualität in der Institution Schule vor, wie gehen Mitschülerinnen und Mitschüler mit diesem Thema um und was wünschen sich homosexuelle Jugendliche von der Institution Schule? Dies lesen Sie in den folgenden Kapiteln.

4.1 Schule und Homosexualität

Es kann davon ausgegangen werden, dass in jeder Klasse ein bis zwei lesbische Schülerinnen oder schwule Schüler sitzen. Doch wird dieser Tatsache auch in der alltäglichen Unterrichtspraxis Rechnung getragen? Wo und wie kommt Homosexualität in Schulgesetzen, Lehrplänen und Unterrichtsmaterialien vor? Gibt es einen *„heimlichen Lehrplan" (GEW Baden-Württemberg 2005: S. 11)*, der Heterosexualität zur nicht hinterfragbaren Norm macht?

Die Gewerkschaft Erziehung und Wissenschaft hat 2001 eine Befragung der Kultusministerien durchgeführt, deren Ergebnisse 2002 unter dem Titel *„Lesben und Schwule in den Schulen – respektiert!? ignoriert!? (GEW 2002)* erschienen sind. Darin wurden die Ministerien der Länder unter anderem aufgefordert zu beantworten, in welcher Weise gleichgeschlechtliche Lebensweisen im Schulgesetz und im Unterricht berücksichtigt werden. Die für die Schulen verbindlichen Richtlinien sind wohl der offiziellste Ausdruck gesellschaftlicher Normen und Werte.

4.1.1 Homosexualität in Schulgesetzen und Lehrplänen

Im Folgenden wird dargestellt, ob und in welchem Rahmen homosexuelle Lebensweisen in den Schulgesetzen, Richtlinien zur Sexualerziehung und den Rahmenplänen verschiedener Unterrichtsfächer in den Bundesländern vorkommen, gestützt auf die jeweiligen Schulgesetze sowie auf eine Befragung der einzelnen Kultusministerien durch die GEW. Es geht hier speziell um die Frage *„Wie wird die homosexuelle Lebensweise im Schulgesetz, in den Richtlinien zur Sexualerziehung und in den Rahmenplänen der Fächer Deutsch, Geschichte, Sozialkunde, Fremdsprachen, Religion, Ethik und Biologie bewertet und thematisiert?" (GEW 2002: S. 8)*. Das Spektrum der Thematisierung oder Nichtthematisierung von Homosexualität ist breit. Aus der Auswertung der mir vorliegenden Informationen ist ersichtlich, dass in den einzelnen Bundesländern unterschiedlicher Handlungsbedarf besteht.

Zunächst einmal ist besonders auffällig, dass einige Gesetzestexte und Aussagen von Ministerien so mehrdeutig waren, dass manchmal nicht recht klar wird, ob Formulierungen so getroffen werden, um je nach Bedarf annehmend (z.B. um als tolerant und fortschrittlich zu gelten) oder ablehnend (z.B. um alte Werte und Traditionen zu befürworten) interpretiert werden zu können oder ob Homosexualität missbilligt wird. So steht als gesetzliche Grundlage in § 36 des sächsischen Schulgesetzes: *„Ziel der Familien- und Sexualerziehung ist, die Schüler altersgemäß mit den biologischen, ethischen, kulturellen und sozialen Tatsachen und Bezügen* *der Geschlechtlichkeit des Menschen vertraut zu machen. Die Sexualerziehung soll für die unterschiedlichen Wertvorstellungen auf diesem Gebiet offen sein (SchG Sachsen: § 36 Abs. 1)".*

Die Begriffe „Wertvorstellungen" oder „Wertauffassungen" benutzen in diesem Kontext auch Niedersachsen, Saarland, Hessen und Baden-Württemberg *(vgl. GEW 2002: S. 8ff),* obwohl erstere beiden Länder eine grundsätzlich eher positive, letztere beiden Länder aber eine grundsätzlich eher negative Einstellung zu Homosexualität vertreten *(vgl. fortlaufender Text).* Diese Begriffe sind also in beiden Bedeutungen einsetzbar (wobei außerdem die Frage gestellt werden kann, inwiefern Homosexualität überhaupt als „Wertvorstellung" zu bezeichnen ist) und sagen somit kaum etwas aus. Im Fall des Landes Sachsen lässt sich ebenfalls vermuten, dass das Thema Homosexualität nur unter Vorbehalt behandelt wird, denn im folgenden Satz heißt es: *„Dabei ist insbesondere die Bedeutung von Ehe und Familie für Staat und Gesellschaft zu vermitteln" (SchG Sachsen: § 36 Abs. 1).* Wie auch Baden-Württemberg und Bayern betont Sachsen damit Ehe und Familie in ihren traditionellen Formen als Schwerpunkt und das Kultusministerium aus Rheinland-Pfalz schreibt der GEW sogar klar: *„Die Schule muss sich in der Sexualerziehung an den Normen des Grundgesetzes mit der darin getroffenen Wertentscheidung für Ehe und Familie orientieren (GEW 2002: S. 11)" (vgl. Art. 6 Abs. 1 GG, Schutz von Ehe und Familie).* Für *„einen erweiterten Familienbegriff plädiert (GEW 2002: S. 10)"* Hamburg. Mecklenburg-Vorpommern benennt *„Ehe, Familie und eingetragenen Lebenspartnerschaften (GEW 2002: S. 10)"* als entwicklungs- und fördernswert sogar in einem Satz und das Ministerium Sachsen-Anhalts verweist auf das Landesgesetz zum Abbau von Benachteiligungen von Lesben und Schwulen von 1997 und § 1 Abs. 2 Nr. 6 des Landesschulgesetzes, nach denen neben der Ehe bestehende Lebensformen wie Zusammenlebende, Alleinerziehende, Singles oder gleichgeschlechtliche Paare nicht als *„Randgruppenerscheinung",* sondern *„als Möglichkeiten der Lebensgestaltung im Unterricht vermittelt werden"* sollen. An Schulen soll *„grundsätzlich"* vermittelt werden, *„dass es ein gleichwertiges Nebeneinander verschiedener Formen der Lebensgestaltung gibt (GEW 2002: S. 12f)."*

Von fast allen Bundesländern wird Homosexualität explizit im Fach Biologie benannt *(vgl. GEW 2002: S. 37).* Allerdings ist hier auch nicht weiter bekannt, ob dies im Rahmen gleichgestellter Sexualität geschieht oder ausschließlich männliche Homosexualität im Zusammenhang mit HIV und AIDS gemeint ist. In den anderen nachgefragten Fächern wie Deutsch, Fremdsprachen, Geschichte, Sozialkunde, Ethik, Philosophie und Religion sind die Einbindung und Benennung von Homosexualität zumindest formal vorhanden, allerdings in den Ländern in unterschiedlichem Maße. Hier gilt allerdings, dass Homosexualität unabhängig von der

Erwähnung in den Rahmenplänen der einzelnen Fächer von jeder Lehrkraft zum Unterrichtsgegenstand gemacht werden kann *(vgl. Kapitel 5.2.1)*.

Problematisch ist auch, dass in vielen Bundesländern wie Bayern, Hessen oder Bremen gleichgeschlechtliche Lebensweisen erst in Klasse 9 thematisiert wird, in Baden-Württemberg ist diese Thematik sogar erst an beruflichen Gymnasien vorgesehen *(vgl. GEW 2002: S. 8)*. Wie in Kapitel 2.2.2 und 2.2.3 beschrieben, werden Identität und Sexualität bei Jugendlichen jedoch viel früher zu Gegenständen wichtiger und nicht selten verwirrender Auseinandersetzungen, bei denen schulische Unterstützung im Sinne einer gleichberechtigten Darstellung verschiedener Lebensweisen und Sexualitäten nötig wären. Bayerns Kultusministerium antwortete der GEW 2001 sogar noch, dass Homosexualität in Jahrgang 2 der Berufsschulen beim Unterrichtsthema *„Von der Norm abweichendes Sexualverhalten (GEW 2002: S. 8)"* angesprochen werden kann. Hier kann jedoch von einer positiven Entwicklung berichtet werden: Bereits im folgenden Jahr 2002 verabschiedete das Bayerische Staatsministerium für Unterricht und Kultus die neuen Richtlinien für die Familien- und Sexualerziehung (Erneuerung der Richtlinien von 1996), in denen *„persönliche und soziale Aspekte der Homosexualität (Familien- und Sexualerziehungsrichtlinien Bayern vom 12. August 2002: 3.2ff)"* an allen weiterführenden Schulen bearbeitet werden sollen – wenn auch jeweils erst in den Klassen 9 und 10 *(vgl. Familien- und Sexualerziehungsrichtlinien Bayern vom 12. August 2002: 3.2ff)*. Als positives Beispiel ist Berlin zu nennen. Hier kommt die Thematik um gleichgeschlechtliche Lebensweisen bereits fächerübergreifend, zum Beispiel in Sozialkunde, Deutsch, Biologie und Geschichte, in Klasse 7 vor: *„Gleichgeschlechtliche Lebensweisen sollen einbezogen, gleichberechtigt dargestellt und integrierend behandelt werden (GEW 2002: S. 9)"*.

Auch Bremen berücksichtigt den fächerübergreifenden Auftrag unter den Themen *„männliche und weibliche Homosexualität"* und *„Partnerschaft, Ehe, gleichgeschlechtliche Beziehungen (GEW 2002: S. 9)"*, jedoch ist der Leitfaden seit 1974 nicht verändert worden und enthält somit immer noch die Themen *„strafrechtliche Bestimmungen männlicher Homosexualität"* und das *„Gespräch über den § 175 Strafgesetzbuch"*, der von 1872 bis 1994 homosexuelle Handlungen zwischen Männern unter Strafe stellte. Nach Auffassung des Senators müsste die Beschäftigung mit diesen Themen gestrichen werden *(vgl. GEW 2002: S. 9)*.

Niedersachsen, Nordrhein-Westfalen und Schleswig-Holstein sind es, die für eine integrierte, fächerübergreifende und gleichberechtigte Bearbeitung des Themenkomplexes plädieren. Letztere beiden Bundesländer sprechen sich darüber hinaus klar dafür aus, dass an ihrem Schulen gegenseitige *„Akzeptanz unter allen Menschen, unabhängig von ihrer sexuellen Orientierung und Identität (GEW 2002: S. 11)"* gefördert und *„Respekt gegenüber* *verschiedenen Formen eigenverantwortlich gestalteten Lebens - verschiedengeschlechtlichen und gleichgeschlechtlichen – (GEW 2002: S. 13)"* vermittelt werden soll.

Schließlich hat Hamburg den fortschrittlichsten Familien- und Sexualitätsbegriff und sieht wegen der vorhandenen gesellschaftlichen Diskriminierung von Lesben und Schwulen einen schulischen Handlungsbedarf: *"Die Schule soll über verschiedene sexuelle Orientierungen informieren und der offenen oder der latenten Abwertung gleichgeschlechtlicher Beziehungen entgegentreten (GEW 2002: S. 10)".*

Um homosexuelle und heterosexuelle Schülerinnen und Schüler bei der Findung ihrer sexuellen Orientierung zu unterstützen, müssen gleichgeschlechtliche Lebensweisen gleichwertig zu gegengeschlechtlichen integriert und fächerübergreifend behandelt werden und darüber hinaus aufgrund der besonderen Situation in unserer Gesellschaft gesondert besprochen werden. Es bleibt die dringende Aufgabe einiger Länder, ihre Rahmenpläne so zu überarbeiten, dass lesbische und schwule Lebensweisen nicht nur benannt, sondern auch thematisiert werden sollen. Jedoch genügt es nicht, Homosexualität als Randthema zu behandeln und ansonsten über Sexualität nur in ihrer heterosexuellen Form zu sprechen.

4.1.2 Homosexualität in Unterrichtsmaterialien

In der Regel können sich homosexuelle Jugendliche in ihren Schulbüchern nicht wieder finden. Auch in anderen Unterrichtsmaterialien, Lektüren oder Aufgabenstellungen kommen Lesben und Schwule in ihrem Alltag nicht vor. Wenn überhaupt, wird das Thema Homosexualität in vorhandenen Schulbüchern häufig noch mit „abweichendem Sexualverhalten", „sexuellem Fehlverhalten" und „Perversion" benannt. Darüber hinaus werden zum Teil wissenschaftlich umstrittene oder bereits widerlegte Entstehungstheorien dargestellt, wie zum Beispiel „Hormonstörungen" oder „Verführung in Pubertätsjahren" *(vgl. GEW 2002: S. 41f).*

Die Kritik von feministischen Schulforscherinnen am „heimlichen Lehrplan" zur Unterordnung von Frauen in unserem Schulwesen durch Darstellungen (und somit Reproduktion) traditioneller Geschlechtsrollenklischees hat zwischenzeitlich dazu geführt, dass diese in Schulbüchern allmählich abgebaut werden. Ein weiterer Schritt wäre es, ein Bewusstsein dafür zu schaffen, dass Heterosexualität nur *eine* Form menschlicher Sexualität ist und die Ehe eine Lebensform unter anderen darstellt *(vgl. GEW Baden-Württemberg 2005: S. 11).*

Im Lehrbuch Gemeinschaftskunde für Gymnasien, Klasse 10, „Mensch und Politik" des Schroedel-Verlages ist dies bereits geschehen. Im Kapitel „Der einzelne in der Gesellschaft" tauchen auch lesbische und schwule Partnerschaften ohne und mit Kindern auf. Im

Allgemeinen sind die Schulbuchverlage offen für die Einbeziehung von homosexuellen Lebensweisen in die Schulbücher der Fächer Deutsch, Sozialkunde und Geschichte. Allerdings werden Schulbücher einem Genehmigungsverfahren zur Zulassung für den Unterricht unterzogen, bei dem sie auch daraufhin überprüft werden, ob sie „rahmenplankonform" sind. Daraus ergibt sich, dass in der Ausgabe des genannten Schulbuches für Bayern der benannte Teil fehlt und Verlage das Thema Homosexualität eventuell nicht aufnehmen, um in möglichst vielen Bundesländern zugelassen zu werden.

Um zu erreichen, dass Homosexualität nicht als „Randgruppenproblem" angesehen wird, sondern als Teil unserer gesellschaftlichen Lebensrealität, sollten lesbische und schwule Lebensweisen in den verschiedenen Schulbüchern selbstverständlich in Erscheinung treten. Im Idealfall wäre jede zehnte vorkommende Person homosexuell. Im Deutsch- und Fremdsprachenunterricht gäbe es viele Gelegenheiten, andere Lebensweisen sichtbar zu machen. Sprache und Literatur sind prägende Sozialisationsinstanzen. Jugendliche reflektieren an Texten ihr eigenes und fremdes Verhalten, gesellschaftliche Normen und Handlungsmöglichkeiten im Hinblick auf die eigenen Lebensperspektiven. Auch der Gebrauch politisch bildender Filme wäre denkbar. In Mathe könnten Schülerinnen und Schüler zum Beispiel einmal den zu erwartenden Prozentanteil von Lesben und Schwulen einer gegebenen Bevölkerung ausrechnen und in Geschichte könnte die – vor allem – Schwulenverfolgung im Dritten Reich Thema sein.

Auf diese Weise wird die Sozialisation Jugendlicher hinsichtlich der freien Entfaltung ihrer Identität unterstützt. Dabei sind der Fantasie von Lehrkräften keine Grenzen gesetzt. Wichtig ist es, die Thematik in das alltägliche Unterrichtsgeschehen zu integrieren, um so ein Stück „neuer Normalität" zu schaffen. Zuständig hierfür sind die Kultusministerien der Länder, die für die Unterrichtsmaterialien verantwortlich sind (vgl. *GEW 2002: S. 37f*).

4.2 Homosexualität in Schulklassen

In der Berliner Studie *(vgl. Senatsverwaltung für Schule, Jugend und Sport Berlin 1999)* gibt knapp ein Viertel der Befragten an, dass an ihrer Schule, Universität oder am Arbeitsplatz niemand (14%) oder nur eine Vertrauensperson (9%) von ihrer gleichgeschlechtlichen Orientierung weiß. Bei gut der Hälfte der befragten Jugendlichen wissen mehrere und bei einem weiteren Viertel „alle" bescheid.

Obwohl die meisten – und hier vor allem die offen lebenden – Jugendlichen sich an ihrem Schul-, Ausbildungs- oder Arbeitsplatz akzeptiert und integriert fühlen, bezeichnet sich jede sechste weibliche und jeder siebte männliche Jugendliche als Einzelgängerin bzw. Einzelgänger. Die Befragten, die ihre Homosexualität nur einer Person anvertraut haben, fühlen sich dagegen seltener akzeptiert und sind relativ häufiger Einzelgängerinnen bzw. Einzelgänger.

Offen bleibt, ob (weitgehend) ungeoutete Schülerinnen und Schüler sich aufgrund ihrer – möglicherweise unbegründeten – Ängste, offen lesbisch bzw. schwul zu leben, zurückziehen oder ihre Zurückhaltung aufgrund einer vorherrschenden homophoben Atmosphäre „ratsam" ist *(vgl. Senatsverwaltung für Schule, Jugend und Sport Berlin 1999: S. 60ff).*

In der in Kapitel 4.2.1 dargestellten Befragung der einzelnen Kultusministerien durch die GEW verwiesen die meisten Länder bei der Frage nach Unterstützung junger Lesben und Schwuler im Coming-Out auf Vertrauenslehrerinnen und Vertrauenslehrerinnen, Schulsozialpädagoginnen und –pädagogen oder den Schulpsychologischen Dienst. Bayern schrieb: *„Ein homosexueller Schüler kann sich jederzeit an eine Lehrkraft seines Vertrauens wenden, wenn er sich „outen" will, und sie um Unterstützung bitten" (GEW 2002: S. 43).* Diese Sichtweise verkennt jedoch die reale Situation, in der sich lesbische Mädchen und schwule Jungen in der Institution Schule befinden. In den folgenden Unterpunkten erfahren Sie, vor welchen Reaktionen ihrer Mitschülerinnen und Mitschüler sich homosexuelle Jugendliche fürchten und wie groß die Bedrohung von Diskriminierungen einzuschätzen ist.

4.2.1 Einstellungen von Mitschülerinnen und Mitschülern zum Thema Homosexualität

Befreundete Mitschülerinnen und Mitschüler sind die ersten, denen sich homosexuelle Jugendliche anvertrauen. Es ist also eine wichtige Frage, wie Gleichaltrige über Lesben und Schwule denken.

Aufsehen erregte eine Studie von „Iconkids & youth" (2002). Die Firma führte zum Zweck des Jugendmarketings eine repräsentative Befragung bei 12- bis 17-Jährigen durch, um herauszufinden, wie beliebt verschiedene Szenen und gesellschaftliche Gruppierungen sind. Dabei stellte sich heraus, dass 61% der Jugendlichen (71% der Jungen und 51% der Mädchen) negative Einstellungen zu Lesben und Schwulen hatten. Dies ist besonders erschreckend, da vier Jahre zuvor nur halb so viele Jugendliche (34%) Lesben und Schwule „nicht" oder „überhaupt nicht gut" fanden. Nicht eine oder einer der 669 Befragten hat sich als homosexuell zu erkennen gegeben. Sicher ist bei der Beurteilung dieser Ergebnisse die Zielsetzung der Studie (Jugendmarketing) relativierend zu berücksichtigen, doch lässt sich aus den Ergebnissen durchaus schließen, mit welchen Schwierigkeiten homosexuelle Jugendliche auch innerhalb der Gleichaltrigengruppe konfrontiert sind. Der Autor der Studie, Ingo Barlovic, gibt folgende Erklärung: *"Szenen müssen zum eigenen Rollenverständnis passen, und hierzu zählt vor allem, wie man sich als Mann oder als Frau in der Gesellschaft definiert. Dementsprechend werden Szenen abgelehnt, die dem eigenen Rollenverständnis widersprechen, die die Suche nach sich selbst und nach der eigenen Stellung in der Gesellschaft zumindest vordergründig erschweren und nicht als Rollenmodell geeignet sind ... Die Jungen (sind) negativer gegen Schwule eingestellt, während sich die Mädchen gegenüber Lesben fast ängstlich zeigen, Schwule sind für sie eher ‚ganz nett und verständnisvoll'"* (vgl. Iconkids & youth 2002: S. 127f). In dieser Erklärung finden wir bereits einen Hinweis darauf, wo Sozialpädagogik ansetzen kann und muss: bei der Auseinandersetzung aller Jugendlichen mit Fragen der Geschlechtsidentität und sexuellen Orientierung.

Kersten *(2001)* befragte 1827 niederländische Schülerinnen und Schüler zu ihren Einstellungen zu Homosexualität. 26% der befragten Jugendlichen besuchten eine Berufs- oder Hauptschule, die Mehrheit (74%) ging an eine Realschule, ein Gymnasium oder eine gymnasiale Oberstufe einer Gesamtschule. Die meisten Schülerinnen und Schüler (73%) waren der Meinung, dass das Thema Homosexualität in der Schule offen besprochen werden sollte. Vor allem die befragten Mädchen, nämlich 87%, aber auch eine knappe Mehrheit der Jungen war dieser Meinung.

Fast die Hälfte (47 %) der befragten niederländischen Jugendlichen neigte zur sozialen Distanz gegenüber lesbischen Mitschülerinnen und schwulen Mitschülern (65% der Jungen, 27% der Mädchen). Das heißt, sie werden nicht Freundinnen bzw. Freunde werden, zusammen Schularbeiten machen, die Pause miteinander verbringen, auf einer Klassenfahrt dasselbe Schlafzimmer teilen *(Antworten der Befragung)*.

10% hatten starke Vorurteile gegenüber Homosexualität und vertraten Meinungen wie zum Beispiel: *"Die sind eigentlich krank, bedauernswert, haben noch nicht den Richtigen gefunden.", "Die hassen das andere Geschlecht.", "Die benehmen sich als Mannweib bzw. sind verweichlicht."* oder *"Die sind immer nur auf Sex aus, die können Personen des eigenen Geschlechts nicht in Ruhe lassen.".* 11% waren dieser Meinung, wenn es sich um homosexuelle Personen des anderen Geschlechts handelt, jedoch erheblich mehr Jungen (17%) als Mädchen (5%). 13% urteilten negativ und stereotyp über homosexuelle Personen des eigenen Geschlechts, auch hier erheblich mehr Jungen (23%) als Mädchen (4%).

17% befürworteten sogar diskriminierende Vorschriften für Lesben und Schwule wie zum Beispiel *"Es müßte (sic) möglich sein, lesbische und schwule Lehrer/innen von der Schule auszuschließen und ihnen das Unterrichten zu verbieten."* oder *„Die niederländische Regierung soll sich deutlich gegen Homosexualität aussprechen.".* Mehr Jungen als Mädchen sind dieser Meinung (23% zu 11%), ebenso wie mehr gläubige Schülerinnen und Schüler als nicht gläubige (21% zu 13%).

38% der Jugendlichen sagten, dass es ihnen unangenehm sei, wenn eine Mitschülerin oder ein Mitschüler im Vertrauen durchschimmern lasse, vielleicht lesbisch oder schwul zu sein. 38% reagierten ablehnend, wenn sich zwei Personen desselben Geschlechts küssten (40% Jungen, 28% Mädchen). Dies verärgere sie und mache sie aggressiv oder schlecht gelaunt. 35% fühlen sich in der Konfrontation mit lesbischen Mitschülerinnen oder schwulen Mitschülern sexuell bedroht. Sie fürchteten nicht nur, die oder der Andere wolle „etwas mit ihnen anfangen", sei in sie verliebt oder werde sich noch in sie verlieben, sondern machten sich auch Sorgen um ihren eigenen Ruf: 57% stimmten mit der Behauptung überein *„Wenn man mit so jemandem Umgang hat, werden die Anderen glauben, du bist selbst so einer"* (64% der Jungen, 50% der Mädchen).

Kersten nahm an, dass das eigene Verhalten durch Normen und Werte der Gruppe determiniert wird und erfragte darum, wie die Schülerinnen und Schüler das Gruppenverhalten wahrnehmen. Mehr als die Hälfte (55%) empfahlen lesbischen Mitschülerinnen und schwulen Mitschülern, in der eigenen Klasse lieber nie über ihre Orientierung zu sprechen. Fast die Hälfte meinte, dass Klassenkameradinnen und Klassenkameraden, die sich nicht typisch stereotyp weiblich oder männlich benehmen, ausgeschlossen werden und keine Freundschaften in der Gruppe schließen können.

Des Weiteren wurde gefragt, was passieren würde und passiert, wenn die Jugendlichen wirklich von einer Schulfreundin oder einem Schulfreund ins Vertrauen gezogen werden (würden) und diese oder dieser ihnen mitteilt, vielleicht lesbisch oder schwul zu sein, diese Person auch mit anderen sprechen würde und es daraufhin zu Problemen kommen würde, wie zu „Scherzen" und negativen Bemerkungen: Die Mehrheit der Jungen (56%) würde nach eigenen Angaben nicht für diese Freundin bzw. diesen Freund eintreten und sie oder ihn öffentlich unterstützen, ebenso eines von drei Mädchen (30%). Fast die Hälfte der Mädchen (47 %) und ungefähr ein Drittel der Jungen würde zwar helfen, aber nur unter der Bedingung, dass sie selbst damit keine Probleme bekommen würden. Dadurch wäre nur ein von fünf (22 %) Mädchen und einer von acht (12 %) Jungen bereit, in einem solchem Fall für die Mitschülerin oder den Mitschüler ohne Bedingungen einzutreten *(vgl. Kersten 2001: S. 9f).*

4.2.2 Diskriminierungserfahrungen in der Institution Schule

Die meisten Diskriminierungserfahrungen machen lesbische und schwule Jugendliche in der Schule. Etwa 60% der schwulen Schüler und etwa 40% der lesbischen Schülerinnen berichten von Diskriminierungen, die durch ihre männlichen Klassenkameraden verübt wurden. Etwa 30% der schwulen Schüler und ca. 25% der lesbischen Schülerinnen berichten, von ihren Klassenkameradinnen diskriminiert worden zu sein *(vgl. LAMBDA Berlin-Brandenburg e.V. 2001: S.12f).*

Auch die in Kapitel 3 vorgestellte Untersuchung von Lela Lähnemann *Sie liebt sie. Er liebt ihn (vgl. Senatsverwaltung für Schule, Jugend und Sport 1999)* zeigt, dass die Mehrheit der Befragten, vor allem Mädchen und Frauen schon einmal negative Reaktionen in Bezug auf ihre sexuelle Orientierung erlebt haben (drei Viertel der weiblichen und sechs von zehn männlichen Befragten). Auf die Frage nach negativen Reaktionen auf ihre Homosexualität stellen die häufigsten Reaktionen Beschimpfungen und Beleidigungen und Kontaktabbruch dar: Über Hälfte der befragten Mädchen (53%) berichten von Beschimpfungen, jede vierte (24%) hat erlebt, dass eine Person den Kontakt zu ihr abgebrochen hat. Bei den Jungen sind 46% beschimpft worden und 17% haben Kontaktabbrüche erfahren. Jede und jeder zehnte Befragte sah sich mit körperlicher Gewalt konfrontiert. Weitere berichteten befragte Mädchen von störenden Blicken und Tuscheleien (4%), von Ausschlüssen aus Gruppen (3%) und (sexueller) Belästigung (3%). Jungen nannten ebenfalls Gruppenausschlüsse (7%) und mit 4% Diskriminierungen in der Schule (zum Beispiel ein Einzelzimmer auf einer Klassenfahrt oder leichte Angriffe. Einige Jungen und (vor allem) Mädchen kritisierten auch bereits Nicht-Wahrnehmung, Nicht-Ernst-Genommen-Werden, Gleichgültigkeit oder Schein-Akzeptanz. Die Ergebnisse zeigen deutlich, dass homophobe Gewalt allgegenwärtig ist und sich überwiegend auf der verbalen Ebene abspielt. Die Mehrzahl der Teilnehmer erlebte die beschriebene Gewalt nicht einmalig sondern mehrfach *(vgl. Senatsverwaltung für Schule, Jugend und Sport Berlin 1999: S. 46f).*

Innerschulische Diskriminierung erfolgt allerdings längst nicht nur von Seiten der Schülerinnen und Schüler, sondern auch Lehrerinnen und Lehrer sowie Direktorinnen und Direktoren werden zu Täterinnen und Tätern *(vgl. LAMBDA Berlin-Brandenburg e.V. 2001: S.12f).* Das Nachstehende Beispiel, erlebt von einem jungen Mann (19 Jahre), Gymnasiast aus Berlin, zeigt gleich mehrere diskriminierende Argumente und Reaktionen auf:

> *„Als einer meiner Lehrer erfuhr, dass ich schwul bin, hielt er einen Vortrag darüber, wie er meinte, dass ich damit umgehen sollte, dass das nicht in die Schule gehörte, dass er es seiner Erfahrung nach nicht für klug und außerdem unsinnig halte, damit so offen umzugehen, es brächte mir nur Ärger ein und offenbare ein hohes Maß an Unprofessionalität meinerseits, da man seine Homosexualität nicht jedem auf die Nase binden müsse, weder in der Schule noch im Beruf interessiere es jemanden. Schließlich beendete der seinen Vortrag mit den Worten: „...er ist mir ja auch ganz egal, womit sie ihr Taschengeld aufbessern.' Auf meine erboste Frage, wie ich das verstehen solle, erwiderte er, er habe alle Schüler der Klasse gemeint, in seinem Unterricht werde ja des öfteren über Nebenjobs geredet (was mir weder vorher noch nachher aufgefallen ist) und es solle mir doch zu denken geben, dass ich seine Worte gleich auf mich und das Thema Prostitution bezogen hätte und was dies über mich aussag. Meine Tutorin und der Oberstufenleiter weigerten sich, auf meine Beschwerde zu reagieren, der Oberstufenleiter meinte, ich müsse den stark ironisierenden Humor seines Kollegen eben verstehen lernen"* (LAMBDA Berlin-Brandenburg e.V. 2001: S. 7).

Insgesamt zeigen die Ergebnisse, dass homosexuell orientierte Jugendliche innerhalb der Institution Schule täglich mit wahrscheinlich nicht wenigen Menschen konfrontiert sind, die ihnen verdeckt oder offen ablehnend gegenüberstehen. Die von Jugendlichen selbst berichteten Erfahrungen verbaler, körperlicher und subtiler Gewalt stimmen bedenklich. Dass viele lesbische und schwule Jugendlichen sich als Einzelgängerinnen bzw. Einzelgänger bezeichnen und unter Einsamkeit leiden *(vgl. Kapitel 3.6)*, ist Indikator dafür, dass Akzeptanz und Integration in unserer Gesellschaft und auch in der Institution Schule für homosexuelle Jugendliche immer noch nicht selbstverständlich und „normal" sind.

Obwohl sich dieses Buch ausschließlich auf Jugendliche bezieht, darf nicht davon ausgegangen werden, dass die Thematik erst ab dem Einsetzen der Pubertät brisant wird: Ein Großteil der Vorurteile und Schimpfwörter wird von Schülerinnen und Schülern schon in einem deutlich früheren Alter eingeübt. „Schwule Sau", „alte Lesbe", „Schwuchtel", „Arschficker", sind Schimpfworte, die meist schon im Kindesalter benutzt werden und obwohl Kindern die genauen Bedeutungen nicht bekannt sind, verstehen sie sehr genau, dass es sich hier um besonders abwertende Bezeichnungen handelt.

4.3 Unterstützungswünsche homosexueller Jugendlicher

Auf die Frage nach Wünschen zur Unterstützung an Schule, Universität oder Arbeitsplatz für junge Lesben und Schwule gaben 90% der weiblichen und 77% der männlichen Befragten in Lähnemanns Studie Antwort: Drei Viertel der Mädchen benannten ein Bedürfnis nach mehr Informationen. Prozentual fast gleichwertig wurden Wünsche nach „Projekttagen zum Thema" (44%), „mehr Akzeptanz von Schülerinnen und Schülern" (43%), „Lesbenbeauftragte" (43%) und „mehr Akzeptanz von Lehrerinnen und Lehrern" genannt. Für die teilnehmenden Jungen war „mehr Akzeptanz von Mitschülerinnen und Mitschülern" mit 44% der wichtigste Wunsch, dann in abfallender Dringlichkeit „mehr Informationen" (41%), „Schwulenbeauftragte" (36%), „Projekttage zum Thema" (31%) und „mehr Akzeptanz von Lehrerinnen und Lehrern" (25%) *(vgl. Senatsverwaltung für Schule, Jugend und Sport Berlin 1999: S. 64)*. Die hohe Nachfrage bei den befragten Mädchen nach Informationen, Aufklärung und Bearbeitung des Themas Homosexualität mag damit zusammenhängen, dass es im Unterricht vorrangig um männliche (Hetero-)Sexualität geht. Im Sexualkundeunterricht dreht sich alles um Zeugung, Embryonalentwicklung, Schwangerschaft, Verhütung und AIDS. Keine Erwähnung findet zumeist weibliche Sexualität und Homosexualität. Selbst als heterosexuelles Mädchen ist es sehr schwirig, Identifikationsmöglichkeiten zu finden. Vorbilder und Identifikationsfiguren sind für Mädchen, egal wohin sie tendieren, wichtige Aspekte für die Persönlichkeitsentwicklung. Lesbische Mädchen erleben sich in der Schule wie in den meisten anderen öffentlichen Einrichtungen als „nicht-existent" *(vgl. Hartmann et al. 1998: S. 179)*.

4.4 Homosexuelles Schulpersonal

Nun besteht eine Schule längst nicht nur aus Schülerinnen und Schülern. Eine Vielzahl weiterer Personen interagiert tagtäglich an Schulen: Da gibt es zum Beispiel Lehrerinnen und Lehrer, Schulsozialpädagoginnen und -pädagogen, Schulpsychologinnen und -psychologen und Erzieherinnen und Erzieher. Wie viele lesbisch bzw. schwul und wie viele hiervon geoutet sind, ist in sofern für dieses Thema interessant, als dass diese wertvolle Vorbilder im Sinne alternativer Lebensweisen darstellen könnten. Lehrkräfte, Sozialarbeiterinnen und Sozialarbeiter und andere Professionen haben auch und gerade im Zeitalter von Medien- und Freizeitangeboten eine Schlüsselrolle bei der Unterstützung zur Bewältigung der Lebensphase Jugend *(vgl. Hurrelmann 2007: S. 25)*. Sie wirken als wichtige Bezugspersonen, die Jugendliche täglich erleben *(vgl. Fend 2000: S. 94)*. Lesbische und schwule Modelle im Schulalltag zu haben birgt die Chance auf mehr Akzeptanz durch Abbau von Vorurteilen und ein integriertes indirektes „Auffangen" des Themas Homosexualität in der Institution Schule. Schülerinnen und Schülern könnten positive Handlungsmöglichkeiten aufgezeigt werden, wenn ein Kollegium und andere Schülerinnen und Schüler einen selbstverständlichen Umgang mit homosexuellen Lehrkräften pflegen.

Nimmt man die Zahlen zur generellen Häufigkeit homosexueller Orientierung als Basis, kann zum Beispiel bei einem mittelformatigen Lehrkörper davon ausgegangen werden, dass ein paar Kolleginnen und/ oder Kollegen gleichgeschlechtlich empfinden. Trotz zunehmender

Bekanntheit um lesbische Lehrerinnen und schwule Lehrer an Schulen, outet sich nur ein übersichtlicher Teil. Die Situation erscheint oft heikel. Trotz des Allgemeinen Gleichbehandlungsgesetzes (umgangssprachlich auch „Antidiskriminierungsgesetz") besteht auch weiterhin bei vielen eine gewisse Angst vor arbeits- bzw. dienstrechtlichen Konsequenzen des Arbeitgebers, wenn auch in abgeschwächter Form. Das 2006 inkraftgetretene Allgemeine Gleichbehandlungsgesetz (AGG) ist ein deutsches Bundesgesetz, das ungerechtfertigte Benachteiligungen aus Gründen von ethnischer Herkunft, Geschlecht, Religion und Weltanschauung, Behinderung, Alter oder sexueller Identität verhindern und beseitigen soll. Durch das Gesetz geschützte Personengruppen erhalten Rechtsansprüche gegen Arbeitgeber (§§ 6–18; für Beamte und Beschäftigte des Bundes und der Länder § 24), wenn diese ihnen gegenüber gegen die gesetzlichen Diskriminierungsverbote verstoßen. Allerdings wird das Gesetz nur vereinzelt umgesetzt, Klagen gibt es kaum *(vgl. GEW 2005: S. 11ff)*. Ein Grund von vielen könnte sein, dass eine Schulleitung, die Homosexualität missbilligt, es leicht aussehen lassen könnte, als gäbe es andere Gründe für eine Versetzung oder gar Kündigung der jeweiligen Lehrerin oder des jeweiligen Lehrers als deren oder dessen sexuelle Orientierung, die selbst kein Kündigungsgrund sein kann *(vgl. GEW 2002: S. 45)*. Dies lässt sich auch auf andere Berufsgruppen an Schulen übertragen.

Viele Lesben und Schwule an Schulen entscheiden sich immer noch aus Angst vor Diskriminierung und Anfeindungen dafür, ihre Orientierung geheim zu halten. Ob dies tatsächlich notwendig ist oder nicht, ist schwer zu sagen. Zwar liegen der GEW zahlreiche positive Berichte von Coming-Outs vor, jedoch auch einige dokumentierte Fälle von Diskriminierung. Outings verlaufen oftmals positiv, wobei es insbesondere von Seiten der Kollegien und Schulleitungen selten Probleme gibt. doch kennt die GEW ebenso Lehrerinnen und Lehrer, die Probleme mit der Offenlegung ihrer Orientierung haben und zum Teil unter aggressiven Anschuldigungen und fehlender Solidarität leiden. Jedenfalls führt die unsichere Situation dazu, dass sich viele Lehrkräfte entschließen, ihre Orientierung aus dem Beruf.

Der Vorteil des Versteckens liegt auf der Hand: Wer nicht im Verdacht steht, lesbisch oder schwul zu sein, kann diesbezüglich auch keiner direkten Anfeindungen ausgesetzt sein. Jedoch fühlen sich nach GEW-Angaben viele nach ihrem Coming-Out an einer Schule eher weniger angreifbar als vorher. Gar nicht oder nur teilweise „out" zu sein, hat nämlich unter anderem den Nachteil, dass ein ständiger Aufmerksamkeitsdruck besteht, keine verdächtigen Informationen preiszugeben. Dies kostet Kraft und Stolz, zumal an Schulen arbeitende Berufsgruppen immer im Spagat zwischen ihrem Auftreten als ganze, authentische Person und dem Schützen ihrer Privatsphäre stehen. Des Weiteren besteht das ständige Risiko eines Outings durch Dritte auszuklammern *(vgl. GEW 2005: S. 11ff)*.

Grundsätzlich muss jede und jeder selber entscheiden, ob sie bzw. er sich outen will, wem gegenüber, wann und in welchen Situationen. Dass es viele nicht wagen sich in an Schulen zu outen, ist durchaus verständlich, denn damit sind sie leicht angreifbar. Ihre Orientierung rückt ins Blick- und womöglich ins Schussfeld. Es bedarf einer großen Menge an Stärke und Selbstsicherheit, sich offen zu einem Randgruppenstatus zu bekennen. Zum anderen tritt aber (auch) seitens der lesbisch-schwulen Community zunehmend der Erwartungsdruck auf, zu seiner Sexualität offen stehen zu sollen, gar zu müssen, insbesondere in gehobenen bzw. angesehenen Positionen oder öffentlichen Ämtern, da hier eine besondere Chance zur Vorbildfunktion besteht.

5. Handlungsmöglichkeiten von Sozialpädagogik

Sie wissen nun, was für eine besondere Situation homosexuelle Jugendliche (auch und vor allem) in der Institution Schule erleben – zusätzlich zu den Besonderheiten, die das Jugendalter an sich gewöhnlich mit sich bringt. Aus dem Wissen um diese Situation leitet sich ein klarer Auftrag für Schule und Sozialpädagogik ab, Voraussetzungen zu schaffen, um diese Jugendlichen in ihrer Identitätsentwicklung zu unterstützen und vor sozialer Ausgrenzung zu schützen *(vgl. Braun/ Lähnemann 2002: S. 4)*. Dabei ist Homosexualität längst nicht nur für Lesben und Schwule ein Thema. Wie in Kapitel 2.2.3 beschrieben, beschäftigt Schwul- und Lesbischsein auch heterosexuelle Jugendliche. Auch ihnen bietet sich dadurch eine Chance für ihre Identitätsentwicklung, denn durch das Wissen um andere Lebensformen wird die eigene reflektiert. Zumeist ist heterosexuellen Jugendlichen gar nicht bewusst, dass sie „heterosexuell" sind. Sie kennen nur den Begriff „homosexuell". So kommt es, dass, sollen sie sich selbst definieren, sie auf den Begriff „normal" zurückgreifen. Selbstreflexive Prozesse helfen dabei, eine selbstbestimmte Identität aufzubauen. Außerdem wird die Gleichwertigkeit unterschiedlicher Menschen anerkannt. Wenn Schülerinnen und Schüler in der Schule schon lernen, Minderheiten, also auch Menschen, die eine andere Lebensform leben als die Mehrheit, zu respektieren, wird es weniger Gewalttaten gegen so genannte „Andere" geben. Es konnte nachgewiesen werden, dass die Gewaltbereitschaft von Jugendlichen gegenüber bestimmten Personen oder Personengruppen geringer wird, je mehr sie über diese Gruppe wissen bzw. je mehr Kontakt sie zu ihnen haben *(vgl. GEW Baden-Württemberg 2005: S. 6f)*.

Im Sinne einer freien Entwicklung aller Schülerinnen und Schüler und deren Vorbereitungen auf ihr zukünftiges Leben, sowie im Hinblick auf eine integrierende Schule, ist es höchst an der Zeit, Grundlagen aufzuzeigen und ein Fundament zu schaffen, auf dem der Aspekt der Homosexualität gleichwertig im Schulalltag Platz findet. Der Wille zu sexueller Selbstbestimmung und Achtung vor Lebensformen anderer Menschen impliziert, dass gezielte und ungezielte Abwertungen sexueller Minderheiten, zum Beispiel durch Auslassungen, wahrgenommen, benannt und abgebaut werden. Um homo- und heterosexuelle Lebensformen als gleichwertige Ausdrucksformen menschlicher Sexualität gleichermaßen wertzuschätzen, müssen Lehrerinnen und Lehrer, Sozialpädagoginnen und Sozialpädagogen sowie Schulpsychologinnen und -psychologen über Wissen zu Homosexualität verfügen, sowie eine Bereitschaft zur Reflexion über sexuelle Orientierungen und nicht zuletzt Selbstreflexion. Dabei muss vorher bewusst entscheiden werden, ob und wie viel von der eigenen Sexualität preisgegeben wird *(vgl. Braun/ Lähnemann 2002: S. 6f)*.

Homosexualität soll einerseits integrativer Bestandteil von Schulinhalten sein, andererseits in speziellen Arbeitseinheiten besonders behandelt werden. Sie soll bei allen Themen mitgedacht und auch angesprochen werden. Als „Sonderthema" wird Homosexualität dann präsentiert, wenn in der Einzelberatung bzw. in der Klasse Fragen zum Thema auftauchen. Fragen können als Orientierungsfragen unterschiedlicher Ausprägung („Bin ich schwul, wenn ich die Penisse von anderen Männern geil finde?" „Ich verliebe mich immer nur in Jungen und habe große Sehnsucht nach einer Beziehung...") gestellt werden, als Scherzfrage („Hilfe mein Nachbar ist schwul, was soll ich tun?"), aber auch als abwertende Bemerkung („Schwule sind nicht normal, sie gehören erhängt.", „Lesben bekommen nur keine Männer."). Oft müssen Bedürfnisse, Unsicherheiten oder Ängste erst „codiert" werden, um selbst nach außen hin als „normal" bzw. „erwachsen" zu gelten *(vgl. Weidinger et al. 2007: S. 129f)*.

Geeignete Themenzusammenhänge zur Integration des Themas sind zum Beispiel sexuelle Orientierungen, Identitätsentwicklung in der Pubertät oder Liebe, Sexualität und Partnerschaft. Konkrete Inhalte sind zum Beispiel Vorurteile und Klischees, Coming-Out, sexuelle Lebensformen (Partnerschaften, Subkulturen, sexuelle Ausdrucksformen), ein kritischer Umgang mit der Frage nach Ursachen, Homosexualität im Tierreich, Geschichte der Verfolgung Homosexueller und/ oder Beratungs- und Freizeitangebote für homosexuelle Jugendliche *(vgl. Braun/ Lähnemann 2002: S. 6f)*.

Doch wie kann Homosexualität angemessen berücksichtigt werden? Und wie sollen Sozialpädagoginnen und -pädagogen an Schulen in diese Richtung wirken? Im Folgenden werden Wirkungsbereiche von Sozialpädagogik an Schulen aufgezeigt. Dabei wird es um Beratung als Inhalt von Schulsozialarbeit gehen, um das Aufgreifen Homosexualitätsaspektes im Unterricht (integriert oder speziell bearbeitet), sowie um Aufklärungsprojekte, die von Schulen gebucht werden können, um zum Thema Homosexualität aufzuklären und zu informieren.

Es werden im Zusammenhang mit Beratung und Projektarbeit einige Übungen aufgeführt, die (wenn nicht anders gekennzeichnet) dem Handbuch *„Mit Vielfalt umgehen. Sexuelle Orientierung und Diversity in Erziehung und Beratung"* des Ministeriums für Gesundheit, Soziales, Frauen und Familie des Landes Nordrhein-Westfalen *(2004)* entnommen sind. Dieses Handbuch enthält im Anhang neun Themenkarten zu den Bereichen (1) Coming-Out und Identitäten, (2) Beziehungen, (3) Verschiedene Lebensformen, (4) Gesundheit und psychosoziale Probleme, (5) Lesben- und schwulenspezifische Beratung, (6) Sexualitäten, (7) Szene und Community, (8) Geschichte und Kulturen und (9) Religionen. Jede Themenkarte besteht aus einer fortlaufenden Geschichte, einen Selbstreflexionsteil *("Was hat das mit mir zu* *tun?")*, Hintergrundinformationen, häufig gestellte Fragen und Übungen zu dem jeweiligen Themenkomplex.

5.1 Beratung

In Lela Lähnemanns Studie gaben 50% der lesbischen Mädchen und 56% der schwulen Jungen an, schon mal bei einer Beratungsstelle gewesen zu sein. Auch wenn viele Fragen (zumindest vordergründig) nichts mit Homosexualität zu tun hatten, suchten die meisten Jugendlichen (84% der Mädchen, 98% der Jungen) dennoch eine lesbische bzw. schwule Beratungsstelle auf. Dass die Anzahl der Besuche so hoch ist, kann allerdings daran liegen, dass die Fragebögen der Studie auch in vielen Beratungsstellen auslagen *(vgl. Senatsverwaltung für Schule, Jugend und Sport Berlin 1999: S. 72f)*. Hier ist jedoch einerseits zu beachten, dass auch Beratung im Rahmen von Schulsozialarbeit niedrigschwelliger ist als das Aufsuchen einer Beratungsstelle und andererseits, dass davon auszugehen ist, dass 10% der Mädchen und Jungen an einer Schule homosexuell sind und es keine Gründe gibt anzunehmen, dass nicht auch 10% der Jugendlichen, die in die Beratung kommen, homosexuell sind.

In der Studie wurden als Anlässe für die Beratungsbesuche vor allem Einsamkeit, psychische Probleme, Probleme mit bzw. Fragen zu Homosexualität und Probleme mit der Selbstakzeptanz genannt. Die Jugendlichen versprachen sich von der Beratung, dort Kontakte zu homosexuellen Angeboten und (Coming-Out-)Gruppen und Informationen zu Homosexualität zu bekommen *(vgl. Senatsverwaltung für Schule, Jugend und Sport Berlin 1999: S. 74ff)*.

Der Beratungskontakt kommt in der Institution Schule in der Regel über Schülerinnen und Schüler selbst, per Vermittlung durch Lehrkraft zustande oder dadurch zustande, dass Schulsozialarbeiterinnen und Schulsozialarbeiter Jugendliche selbst ansprechen. Nur selten erfolgt der Kontakt durch Eltern. Kommen Schülerinnen und Schüler in die Beratung, gibt es oft ein „Thema hinter dem Thema", sozusagen ein „eigentliches" Problem *(vgl. Drilling 2001: S. 128)*. So auch bei jungen Lesben und Schwulen. Für diese sind besonders das (eigentliche) Coming-Out und die Zeit davor schwierige Zeiten. Allerdings ist nicht unbedingt und in jedem Fall eine Beratung notwendig. Die meisten Lesben und Schwulen durchlaufen den Prozess des Coming-Outs erfolgreich ohne professionelle Hilfe.

Letztendlich unterscheiden sich Beratungen, die zum Beispiel im Zusammenhang mit dem Coming-Out geführt werden, nicht grundsätzlich von denen mit anderen Schülerinnen und Schülern: Immer geht es um die Schaffung günstiger Bedingungen, um weitere Reifungsschritte der Jugendlichen einzuleiten und mit ihnen Strategien zur Bewältigung kritischer Lebenssituationen zu erarbeiten. Der einzige – allerdings nicht unwesentliche – Unterschied zwischen der Begleitung von Lesben und Schwulen beim Prozess des Coming-Out und anderen Ratsuchenden liegt darin, dass die letzteren in ihrer Umgebung bereits soziale Rollen und Verhaltensweisen vorfinden, in die sie hineinwachsen können, während Lesben und Schwule sich weitgehend unabhängig von Vorbildern eigene Lebensstile schaffen und sich dabei gegenüber einer sie vielfach diskriminierenden Gesellschaft behaupten müssen *(vgl. Rauchfleisch 1996: S. 209f)*. Diese Psychodynamiken und psychosozialen Gegebenheiten sollen in den drei grundlegend verschiedenen, sich aber überschneidenden Entwicklungsphasen dargestellt werden: das Prä-Coming-Out, also die Phase von der Geburt bis vor dem Zeitpunkt, zu dem das eigene Lesbisch- bzw. Schwulsein innerlich akzeptiert wird, das eigentliche Coming-Out, also die Phase der inneren Akzeptanz und der Kommunikation der gleichgeschlechtlichen Orientierung und das integrierte Coming-Out, was der Phase einer stabilen lesbischen oder schwulen Identität entspricht *(vgl. Rauchfleisch et al. 2002: S. 112)*. Bevor Sie vom phasenspezifischen beraterischen Vorgehen lesen, hier zuerst ein paar Grundlagen hilfreicher Beratung:

5.1.1 Grundlagen

Übertragen wir die Grundlagen beraterischer Arbeit mit homosexuellen Jugendlichen inhaltlich in die drei von Carl Rogers formulierten notwendigen Bedingungen hilfreicher Unterstützung: Akzeptanz, Empathie, Kongruenz.

Akzeptanz
Die wichtigste Grundlage, die für beraterische Tätigkeit mit gleichgeschlechtlich orientierten Jugendlichen wichtig ist, ist das bedingungslose Akzeptieren von Homosexualität als eine natürliche, der Heterosexualität gleichwertige Variante sexueller Orientierung, die nichts mit Gesundheit oder Krankheit zu tun hat. *Bedingungsloses Akzeptieren* bedeutet dabei weit mehr, als aus einer „politischen Korrektheit" heraus die Meinung zu vertreten, homosexuelle Menschen seien „ja auch Menschen wie du und ich". Es geht darum, sich wirklich und ehrlich selbst zu prüfen, wie die eigene Einstellung zu diesem Thema ist. Oft kommt es vor, dass Beraterinnen und Berater Homosexualität theoretisch als gleichwertig ansehen, jedoch auf emotionaler Ebene große Schwierigkeiten hiermit haben *(vgl. Wiesendanger 2001: S. 104)*.

Empathie

Empathiefähigkeit, also die Fähigkeit, sich in sein Gegenüber einzufühlen, setzt ein Grundwissen über dessen Lebensumstände voraus. Bei Lesben und Schwulen gehören zu diesem Grundwissen fundierte Kenntnisse über Spezifika ihrer Sozialisation in einer heterosexistischen Alltagsrealität, Wissen über die destruktiven Dynamiken internalisierter Homophobie, sowie Wissen über Coming-Out, Lebensrealitäten und mögliche Lebensformen homosexueller Menschen. Ein solches Grundwissen führt denn auch klar vor Augen, dass wohlmeinende Haltungen wie „Homosexuelle Menschen sind Menschen wie alle anderen auch" unzutreffende sind. Es ist wichtig, klar zu erkennen, dass es gravierende Unterschiede gibt zwischen heterosexuellen und homosexuellen Menschen *(vgl. Wiesendanger 2001: S. 105ff).*

Kongruenz

In den beiden oberen Abschnitten wurden bereits Anmerkungen zur Echtheit (Kongruenz) gemacht. Unechtheit der Beraterin bzw. des Beraters würde sich im beraterischen Prozess widerspiegeln und zu zusätzlichen Diskriminierungserfahr-ungen führen, die die Identitätsentwicklung stark negativ beeinflussen kann *(vgl. Wiesendanger 2001: S. 120).* Dieser Verantwortung muss mit Selbstreflexion der eigenen homoerotischen und homophoben Anteile begegnet werden. Angelesenes Wissen verschafft eher „zoologisches" Wissen und birgt die große Gefahr in sich, „an das falsche Buch zu geraten". Literatur lässt sich nicht eindeutig einteilen in *akzeptierende* und *nicht akzeptierende* und Fehlinformationen lassen sich oft nicht gleich erkennen. Am hilfreichsten sind persönliche Kontakte zu Lesben und Schwulen, durch die nicht nur Vorurteile überarbeitet, sondern auch etwas über alltägliche Diskriminierungen erfahren werden können *(vgl. Wiesendanger 2001: S. 107ff).* Es besteht auch die Möglichkeit, homosexuelle Szenen aufzusuchen und dort Angebote in Anspruch zu nehmen wie Vorträge oder Diskussionsrunden oder selbst ein Beratungsangebot einer lesbisch-schwulen Einrichtung zu nutzen, bei der die eigene Haltung zu Homosexualität bearbeitet wird. Angebote wahrzunehmen hätte den positiven Nebeneffekt, dass die oder der Beratende, wenn sie oder er Jugendlichen Treffpunkte von Lesben und/ oder Schwulen nennen würde, sie bzw. er diese nun auch aus eigener Erfahrung kennen würde. Expertinnen und Experten raten bzw. fordern, dass im Falle dessen, dass keine echte Akzeptanz und Empathie aufgebracht werden kann, nicht zu Homosexualität gearbeitet und beraten wird *(vgl. Wiesendanger 2001: S. 110).* Dies bedeutet allerdings nicht, dass Beraterinnen und Berater sich der Thematik völlig entziehen können und Jugendliche sich selbst überlassen; zumal Schulsozialarbeit einen Beratungs- und Begleitungsauftrag hat *(vgl. Drilling 2001: S. 132).* Eher sollten befangene Beraterinnen und Berater Jugendliche kompetent an entsprechende Angebote für junge Lesben und Schwule weitervermitteln.

In jedem Fall muss hier die beratende Person die bzw. dem Jugendlichen gegenüber seine Befangenheit verbalisieren und klar auf Insuffizienzen auf Expertenseite bezogen werden. Natürlich liegt es im Folgeschritt an der Fachperson, an diesem Defizit zu arbeiten und auch diesen Schritt der bzw. dem Jugendlichen in Aussicht zu stellen *(vgl. Wiesendanger 2001: S. 110).*

In einem Beispiel sehen Sie, wie wohlgemeintes, aber nicht hilfreiches oder gar destruktives beraterisches Handeln aussehen kann und gebe gleichzeitig ein Exempel dafür, dass Beraterinnen und Berater oftmals auch vor uneindeutigen „Fällen" stehen, die es auch als solche zu erkennen gilt. So zum Beispiel, wenn jemand massive Eifersucht verspürt, obwohl es doch „nur" die beste Freundin bzw. der beste Freund ist, die bzw. der eine Beziehung eingeht oder wenn Jugendliche überzeugt davon sind, eindeutig heterosexuell zu sein und dann eine sexuell erotische Situation mit der besten Freundin bzw. dem besten Freund erleben *(Weidinger et al. 2007: S. 131)*:

Männlich, 17 Jahre:
„Bisher war mir immer klar, dass mich nur Mädchen interessieren. Doch letzte Woche war mein Freund bei mir und wir haben uns einen Pornofilm angesehen. Irgendwann hat er begonnen sich einen runter zu holen. Mich hat das ziemlich angeturnt und ich habe dann auch begonnen, mich selbst zu befriedigen. Mir geht diese Situation nicht aus dem Kopf. Bin ich jetzt schwul?"

Beraterin:
„....Es ist völlig normal, dass Jugendliche in deinem Alter auch homosexuelle Erfahrungen machen. Das braucht dich nicht zu beunruhigen. Es gehört zur sexuellen Entwicklung dazu und hat nichts mit deiner sexuellen Orientierung zu tun..."

(Quelle: Weidinger et al. 2007: S. 131f)

Die nett gemeinte Antwort der Beraterin vermittelt verwirrende Botschaften:

- Homosexualität ist etwas Abgegrenztes.
- Homosexuelle Gefühle sind nur dann „normal", wenn sie in der Zeit der „sexuellen Entwicklung" auftreten, da sie „ausprobiert" werden müssen bis man weiß was man will.
- Homosexuelle Gefühle sind wirklich etwas Bedrohliches, aber man braucht sich nicht davor zu fürchten, wenn man nicht davon „befallen" ist.
- Homosexualität betrifft die „Anderen".
- Wenn man erst einmal erwachsen ist, sind die Gefühle klar zuordenbar.

- Solange man sich in der Pubertät befindet, ist vieles durcheinander.

(Weidinger et al. 2007: S. 132)

5.1.2   Erkennen im *Prä-Coming-Out*

Im Prä-Coming-Out gilt es, lesbische Schülerinnen und schwule Schüler überhaupt als solche zu erkennen *(vgl. Rauchfleisch et al. 2002: S. 112)*, da in unserem sozialen Klima automatisch davon ausgegangen wird, dass Menschen heterosexuell sind. Es empfiehlt sich also grundsätzlich, keine Annahmen über das Privatleben von Schülerinnen und Schülern zu machen *(vgl. MGSFF 2004: Themenkarte Gesundheit, S. 11)*. Gerade weil diese vor dem eigentlichen Coming-Out oft verschiedenste Symptome und Themen in der Beratung präsentieren und unter Umständen keinen Zusammenhang mit ihrer als ungewünscht erlebten Homosexualität herstellen oder einen solchen, je nach Ausprägungsgrad der Abwehr, explizit verneinen, stellt dies besonders hohe Anforderungen an das Einfühlungsvermögen des Gegenübers: Lesbische Schülerinnen und schwule Schüler bezeichnen sich im Prä-Coming-Out in der Regel noch nicht als solche, verleugnen ihre Sexualität und deren Stellenwert vielleicht allgemein, haben eventuell heterosexuelle Beziehungen und/ oder haben möglicherweise sogar homosexuelle Kontakte, die sie aber von sich und ihrem restlichen Leben abspalten.

Oft sind gleichgeschlechtliche Empfindungen so stark verdrängt, dass es einer besonders großen Vertrauensbildung bedarf, bis Sexualität im Allgemeinen und Homosexualität im Besonderen zur Sprache kommen können. Doch über andere Beratungsthemen oder in beziehungsmäßigen Konstellationen kann dennoch etwas an den Tag kommen, aufgrund dessen eine sensibilisierte Fachperson vermuten kann, dass ihr Gegenüber gleichgeschlechtlich empfindend sein könnte *(vgl. Rauchfleisch et al. 2002: S. 112f)*. Fragen hierzu müssen unbedingt vorsichtig gestellt werden und Schülerinnen oder Schüler dürfen sich niemals gezwungen fühlen, „Geständnisse" über ihre Sexualität zu machen *(vgl. MGSFF 2004: Themenkarte Gesundheit, S. 11)*. Beraterinnen und Berater signalisieren Kompetenz und Akzeptanz, indem sie zum Beispiel akzeptierende Broschüren oder Bücher über Homosexualität sichtbar platzieren. Da die exemplarisch aufgezählten Abwehrformen mit internalisierter Homophobie zusammenhängen, ist es in einem solchen Fall besonders wichtig, dem Gegenüber mit einer offenen, kongruenten und bedingungslos akzeptierenden Haltung zu begegnen.

Ist die Schülerin oder der Schüler bereit dazu, geht es im Prä-Coming-Out in diesem Zusammenhang zentral darum zu erkennen, was bei ihr oder ihm für negative Vorstellungen und Gefühle zu Homosexualität vorherrschen und um die Bearbeitung dieser internalisierten homophoben Bilder, Gefühle und Kognitionen. Dabei muss der beratenden Person klar sein, dass darunter jahrelange, täglich erlittene Erfahrungen der Abwertung in Form von unhinterfragten und selbstverständlichen heterosexistischen und mehr oder weniger subtilen homophoben Botschaften des Umfelds liegen. In aller Regel kommt es von frühster Kindheit an zu immer wieder erlebten Enttäuschungen und Gefühlen der Isolation und Einsamkeit.

Das beraterische Vorgehen kann im Prä-Coming-Out durchaus aktiver und direktiver als üblich sein. Dies betrifft einerseits ein angemessenes Ansprechen des Themas Homosexualität, andererseits auch die Arbeit, die geleistet wird, um lesbische Mädchen und schwule Jungen zu motivieren, andere gleichgeschlechtlich Empfindende kennenzulernen. In dieser Phase kann es beispielsweise hilfreich sein, auf spezielle Angebote für junge Lesben und/ oder Schwule aufmerksam zu machen, nicht-pathologisierende Literatur zu empfehlen oder auf entsprechende Filme hinzuweisen *(vgl. Rauchfleisch et al. 2002: S. 113ff).*

Die folgenden Übungen können helfen, internalisierte Homophobie und ihre Entstehung sichtbar zu machen:

Die gute Fee
Ziel: unbewusste oder unterdrückte Bedürfnisse und Zukunftsfantasien erforschen
Ablauf: Die Schülerin bzw. der Schüler soll sich in dieser Übung vorstellen, dass eine gute Fee kommt und fragt, wie sie bzw. er leben möchte. Wie fühlt sich das an und was hält sie bzw. ihn davon ab, tatsächlich so zu leben?
Zu beachten: Es ist wichtig zu überprüfen, ob die Ängste der Realität entsprechen. Selbst wenn dies nicht der Fall ist, müssen diese Ängste ernst genommen werden.
(Quelle: MGSFF 2004: Themenkarte Verschiedene Lebensformen, S. 12)

Eine Lesbe ist…/ Ein Schwuler ist …
Ziel: eigene Vorurteile gegenüber Lesben und Schwulen herausfinden
Ablauf: Der Schülerin bzw. dem Schüler wird vorgeschlagen, den folgenden Satz laut auszusprechen: „Eine Lesbe ist …"/ „Ein Schwuler ist …" und ihn mit allem zu ergänzen, was ihr bzw. ihm gerade in den Sinn kommt. Die Schülerin bzw. der Schüler wiederholt den Satz einige Male, bis eine Reihe von Aussagen im Raum steht. Es besteht nun die Möglichkeit, sich mit den Klischees und Vorurteilen zu befassen, die verinnerlicht wurden. Beispiel, lesbische Jugendliche: „Eine Lesbe ist nicht feminin, das ist ekelhaft".
Zu beachten: Bevor mit dieser Übung gearbeitet wird, muss eine Beziehung hergestellt werden, in der sich die Person wohl fühlt, so dass sie offen sein kann. Es ist hilfreich mit der Aussage anzufangen, dass jeder Satz, der gesagt wird, akzeptiert wird. *(Quelle: MGSFF 2004: Themenkarte Coming-Out, S. 11)*

Darstellung von Homosexualität
Ziel: äußeren Einflüsse erkennen, die dafür verantwortlich sind, wie sich als Lesbe oder Schwuler wahrgenommen wird
Ablauf: Der Schülerin bzw. dem Schüler werden folgende Fragen gestellt:
Was wurde dir beigebracht, wie man sein und leben sollte? Was wurde akzeptiert?
Wurden Lesben und Schwule zurückgewiesen oder verurteilt?

> Welches ist in deiner Erinnerung das erste Buch, die erste Fernsehsendung oder der erste Film, in der bzw. in dem Lesben oder Schwule vorkamen?
> Wie wurde die lesbische oder schwule Person dargestellt?
> Würdest du sagen, sie ist ein positives oder negatives Vorbild?
> **Zu beachten:** Das Reflektieren dieser Fragen kann denen helfen, die einen hohen Grad an internalisierter Homophobie haben und die an einer stereotypen Darstellung von Lesbisch- oder Schwulsein festhalten.
> *(Quelle: MGSFF 2004: Themenkarte Gesundheit, S. 12)*

5.1.3 Begleiten des *eigentlichen Coming-Outs*

Bei der Begleitung der Phase des Coming-Outs gilt es, mit der lesbischen Schülerin bzw. mit dem schwulen Schüler abzuschätzen, welche Konsequenzen ein Kommunizieren der gleichgeschlechtlichen Orientierung gegenüber verschiedenen Personen des sozialen Umfelds nach sich zieht. Es soll auch besprochen werden, was es umgekehrt für die Schülerin bzw. den Schüler bedeutet, gegenüber dieser und jener Person *nicht* darüber zu sprechen *(vgl. Rauchfleisch et al. 2002: S. 116)*. Diese Entscheidung kann nicht abgenommen und es darf auch nicht gedrängt werden *(vgl. Wiesendanger 2001: S. 126)*.

In der konkreten Situation eines Coming-Out-Schritts zeigen sich auch etwaige „Reste" von noch vorhandenen Anteilen internalisierter Homophobie. So ist auch in dieser Entwicklungsphase oftmals noch mit bereits bewältigt geglaubten negativen Gefühlen und Kognitionen in Bezug auf Homosexualität umzugehen und beraterisch daran zu arbeiten *(vgl. Rauchfleisch et al. 2002: S. 118)*. Es ist jedoch im Hinterkopf zu behalten, dass nicht jede lesbische oder jeder schwule Jugendliche Probleme mit ihrer bzw. seiner sexuellen Orientierung hat. Die Herausforderung besteht darin, das richtige Gleichgewicht zwischen Ignorieren und zu starkem Betonen herauszufinden.

Da von den meisten Lesben und Schwulen das Coming-Out gegenüber den Eltern als das schwierigste empfunden wird, erfordert dieser Schritt in der Beratung besondere Aufmerksamkeit. Mit dem Coming-Out gegenüber den Eltern sind Ängste verknüpft, nicht ernst genommen bzw. nicht akzeptiert oder verstoßen zu werden. Wie schwierig ein Coming-Out gegenüber den Eltern dann tatsächlich ist, hängt zentral damit zusammen, wie die innerfamiliären Normen geprägt sind und wie flexibel die Eltern mit ihren eigenen Rollen(vorstellungen) umgehen. Wie auch bei Jugendlichen selbst wird auch bei Eltern oft ein problematischer Verarbeitungsprozess ausgelöst, wobei häufig beide „Parteien" Unterstützung brauchen. Eltern können allenfalls ein Stück weit in das beratende Gespräch mit ihrer Tochter oder ihrem Sohn einbezogen werden, wobei es einerseits um

Informationsvermittlung über Homosexualität und andererseits um emotionales Verstehen geht.

Gerade für Jugendliche ist ein Coming-Out gegenüber Freundinnen, Freunden, Mitschülerinnen und –schülern ein besonderes Thema. Bei einer begleitenden Unterstützung im beraterischen Rahmen sind dabei die ganz spezifischen Schwierigkeiten und Abhängigkeiten bei einem Coming-Out in der Schule unbedingt zu berücksichtigen. Bei einem Coming-Out kann befürchtet werden, dass andere sich abwenden oder aber sich in der Folge sexuell bedrängt fühlen könnten. Außerdem wird oft nicht zu unrecht ein freiwilliges oder durch Indiskretionen bewirktes unfreiwilliges Coming-Out an der Schule als existentiell bedrohlich erlebt. Auf der anderen Seite stoßen viele Lesben und Schwule in der Schule auf sehr positive Reaktionen. Bisher gibt es noch keine allgemeingültige Strategie für ein Coming-Out an der Schule, so kann das eine wie das andere Verhalten zu positiven Reaktionen führen oder auch Diskriminierungen nach sich ziehen *(vgl. Rauchfleisch et al. 2002: S. 117f)*. Die folgende Übung kann helfen, das eigene soziale Netzwerk zu überblicken und einzuschätzen, wo es Unterstützung gibt und geben könnte und wo nicht:

Ein erweiterter Familienstammbaum
Ziel: Einschätzen und Hinzufügen sozialer Ressourcen
Ablauf: Die Schülerin oder der Schüler soll einen erweiterten Familienstammbaum – mit allen Personen, die für sie bzw. ihn sozial relevant sind – aufzeichnen und zwar mit den folgenden Fragen:
1. Wo passt jeder hinein?
2. Wo kamen sie her, wo wurden sie geboren?
3. Welche dieser Menschen haben dir etwas über Sexualität beigebracht?
4. Welche dieser Personen haben dir auch Botschaften über Homosexualität vermittelt? Welche Botschaften waren das?
5. Welche dieser Personen unterstützt dich und deine Gefühle?
6. Wie kommst du mit denen klar, die dich eventuell nicht sehr gut unterstützen oder die sogar negativ eingestellt sind?
7. Wie kannst du mehrere Personen hinzufügen, die dich unterstützen?
Zu beachten: Einige Schülerinnen und Schüler mit homosexuellen Gefühlen empfinden eine so starke Loyalität zu ihrem bestehenden sozialen Netzwerk, dass es für sie schwierig erscheint, Alternativen zu finden. Zudem kann es in bestimmten Extremsituationen zum Bruch mit der Familie kommen, wenn diese homosexuellen Personen keinen Platz in ihrem Leben einräumen.
Oft kann das Vertrauen von Schülerinnen und Schülern mit Migrationshintergrund gewonnen werden, wenn Fragen zu ihrer bzw. seiner Familie gestellt werden. Viele nicht-westliche Kulturen sind weniger ich- und mehr wir-orientiert. Des Weiteren empfiehlt sich Ehrlichkeit, wenn es bestimmte Wissenslücken über kulturelle Eigenheiten auf Seiten der Beraterin oder des Beraters gibt.
(Quelle: MGSFF 2004: Themenkarte Geschichte, S. 11f)

Die Frage „Wie kannst du mehrere Personen hinzufügen, die dich unterstützen?" zielt einerseits auf das bereits bestehende soziale Netzwerk ab, andererseits kann hier die „Szene", lesbische und/ oder schwule Subkultur, hilfreich sein. In diesem Zusammenhang kann es sein, dass sich eine Schülerin oder ein Schüler isoliert fühlt und sich für die lesbisch-schwule Szene interessiert, aber Angst vor ihr hat *(vgl. MGSFF 2004: Themenkarte Szene und Community, S. 12)*. Folgende Fragen können den Zugang zu „den Gleichen" erleichtern:

Ein soziales Netzwerk für Lesben und Schwule
Ziel: Annäherung an das lesbisch-schwule Netzwerk
Ablauf: Welche Vorstellungen hat die Schülerin bzw. der Schüler von der „Szene", von lesbisch-schwulen Treffpunkten, Aktionen und Angeboten? Empfindet sie bzw. er sich selbst als Teil dieser Szene? Warum oder warum nicht? Werden negative Vorstellungen und Bilder mit der Szene assoziiert? Kennt die Schülerin oder der Schüler bereits andere Lesben und Schwule (außerhalb der Szene)?
Zu beachten: Es kann hilfreich sein zu überlegen, zu welcher spezifischen Gruppe die Schülerin oder der Schüler noch gehört, neben der homosexuellen Gruppe. Gibt es in der Umgebung lesbische oder schwule Angebote, die ein bestimmtes Hobby, religiöse, ethnische oder geschlechtsspezifische Hintergründe der bzw. des zu Beratenden aufgreifen? Auch Coming-Out-Gruppen sind denkbar.
(vgl. MGSFF 2004: Themenkarte Szene und Community, S. 12)

5.1.4 Verstehen im *integrierten Coming-Out*

Die Beratung von Lesben und Schwulen mit einem integrierten Coming-Out unterscheidet sich wesentlich von der Arbeit mit Lesben und Schwulen vor oder während des (eigentlichen) Coming-Outs. Der absolut zentrale Entwicklungsschritt des eigenen Akzeptierens ist integriert, ein mehr oder weniger großer Kreis von Bezugspersonen ist darüber informiert und internalisierte Homophobie wurde wenigstens weitgehend aufgearbeitet. Insofern geht es in der Beratung nicht mehr um Identitätsfindung, sondern um Themen, die mit Homosexualität primär nichts zu tun haben. Unter diesem Aspekt unterscheidet sich die beraterische Arbeit mit gleichgeschlechtlich Empfindenden mit einem integrierten Coming-Out nicht von der Arbeit mit heterosexuell Empfindenden *(vgl. Rauchfleisch et al. 2002: S. 119)*. In einigen Fällen, zum Beispiel wenn die Schülerin oder der Schüler bestimmte Konflikte mit Eltern oder Freundinnen und Freunden vorbringt, macht es Sinn, einmal nachzufragen, ob diese Konflikte etwas mit der sexuellen Orientierung zu tun haben könnten, evtl. im Rahmen verdeckter Aggressionen etc. Es ist aber unbedingt davon abzusehen, Probleme stets mit Homosexualität in Verbindung zu bringen – Schwierigkeiten mit den Eltern müssen nicht unbedingt mit dem Lesbischsein der Tochter oder Schwulsein des Sohnes zusammenhängen.

Homosexualität tritt dann wieder in den Vordergrund, wenn Diskriminierungen als Lesbe oder Schwuler zum Beratungsgegenstand werden. Durch ihre spezifische Entwicklung nehmen Lesben und Schwule den Alltag vielfach anders wahr als Heterosexuelle. Diese andere Sicht hat nichts mit „gesund" oder „krank" bzw. „richtig" oder „falsch" zu tun, sondern ist eine sensibilisierte Sicht, die unbedingt ernst genommen werden muss, auch wenn das eigene (evtl. heterosexuelle) Erleben anders ist *(vgl. Rauchfleisch et al. 2002: S. 120)*. Es gibt auch heute noch Lesben und Schwule, die unter Heterosexismus und Homophobie massiv leiden. Hier gilt es, an den entstandenen Diskriminierungsfolgen zu arbeiten *(vgl. Wiesendanger 2001: S. 130)*. Die Palette von Themen, mit denen Jugendliche in diesem Zusammenhang in die Beratung kommen könnten, ist weit gefächert. Sie reicht von subtilen Diskriminierungen innerhalb und außerhalb der Schule, Diskriminierungsgefühlen im Rahmen von Berufsorientierung und Praktika, bis hin zu direkten Gewalterfahrungen. Hier kann genauso vorgegangen werden wie bei Diskriminierungen aus anderen Gründen (Schwäche, Armut, Migration,...), der Angriffspunkt Homosexualität muss aber durchgängig berücksichtigt und bearbeitet werden. Die folgenden Fragen können eine Orientierung bei Vorfällen anti-homosexueller Gewalt bieten:

Anti-homosexuelle Gewalt
Ziel: Beratung von Opfern anti-lesbischer und anti-schwuler Gewalt, homophober Gewalt und Diskriminierung
Ablauf: Hat die oder der Betroffene (jemals) körperliche, verbale oder subtilere Attacken erlitten? Waren diese Angriffe direkt oder indirekt? Was ist passiert? Wurde bei diesen Angriffen auch sexuelle Gewalt ausgeübt? Wann geschah diese Attacke und wer war die Täterin oder der Täter? Welche Auswirkungen haben solche Erfahrungen auf das Lesbisch- oder Schwulsein und auf das Gefühl, offen lesbisch oder schwul zu leben? Was gibt es für Vor- und Nachteile, solche Angriffe bei der Polizei anzuzeigen?
Zu beachten: Es ist hilfreich, sich vorher mit spezifischen Beratungstechniken vertraut gemacht zu haben, die sich mit traumatischen Erlebnissen und dem Erleiden von Gewalt beschäftigen. Wenn der Schülerin oder dem Schüler geraten werden soll, juristische Schritte einzuleiten, sollte sicher sein, wie die zuständige Polizei mit anti-lesbischer und anti-schwuler Gewalt umgeht. Gibt es bei der örtlichen Polizei spezielle Kontaktbeamte oder Ansprechpersonen, die sensibel und im Umgang mit dieser Form von Gewalt geschult sind? Sind diese Personen weiblich oder männlich? Ein lesbisches Opfer wird in den seltensten Fällen einen männlichen Polizeibeamten um Beratung bitten.
(Quelle: MGSFF 2004: Themenkarte Beratung, S. 11)

5.2 Projektarbeit und Unterrichtseinheiten

Eine Bearbeitung des Themas Homosexualität im Rahmen sozialer Gruppenarbeit kann einen bestimmten Anlass haben wie zum Beispiel antihomosexuelle Gewalt (Mobbing, Konflikte allgemein,...) oder ein bevorstehendes Coming-Out in der Klasse, wenn die betreffende Schülerin bzw. der betreffende Schüler sich eine „Vorbereitung" in der Klasse gewünscht hat *(vgl. Drilling 2001: S. 133)*. Homosexualität ist aber auch ohne pädagogischen „Aufhänger" stets ein absolut bearbeitungswürdiges Thema, wie diese Arbeit und die voraussichtlichen 10% homosexuellen Schülerinnen und Schüler hoffentlich belegen.

Hier gilt, dass Homosexualität unabhängig von der Erwähnung in den Rahmenplänen der einzelnen Fächer zum Unterrichtsgegenstand gemacht werden kann. Diese sind in der Regel so allgemein formuliert, dass die Durchführenden bei eventuellen Beschwerden von Eltern oder Schülerinnen und Schülern rechtlich abgesichert sind.

Selbst im Schulgesetz von Baden-Württemberg ist zu finden: *„Über die Vermittlung von Wissen, Fähigkeiten und Fertigkeiten hinaus ist die Schule insbesondere gehalten, die Schüler (sic!) (...) zur Achtung der Würde und der Überzeugung anderer (...) zu erziehen und in der Entfaltung ihrer Persönlichkeit und Begabung zu fördern"* (SchG Baden-Württemberg: § 1, Abs. 2). Inhaltlich kann es zum Beispiel bei der Bearbeitung des Themas „Erste Liebe" durchaus auch exemplarisch um die Liebe zwischen zwei Mädchen oder zwei Jungen gehen *(vgl. GEW 2002: S. 37)*. Interessierte werden vielfältige Anknüpfungspunkte in allen Schularten und Klassenstufen finden *(vgl. GEW Baden-Württemberg 2005: S. 10)*. Geeignete Unterrichtsmaterialien, die von Pädagoginnen und Pädagogen in ihren Fächern gut eingebaut werden können, um Homosexualität integrierend zu behandeln, finden sich zum Beispiel in den Broschüren *„Schwule und lesbische Lebensweisen – ein Thema für die Schule!"* der GEW Baden-Württemberg *(2005)* oder *„Gleichgeschlechtliche Beziehungen. Eine Handreichung für den Unterricht in den Klassen 9 und 10 der Sekundarstufe I und in der Sekundarstufe II"* der Freien und Hansestadt Hamburg *(2003)*. Im Folgenden finden Sie jedoch vor allem Hinweise zur sozialpädagogischen Arbeit mit Klassen.

Gruppen, besonders die eigene Klasse, haben eine sozialisationsrelevante Funktion. Beim Thema Gewalt finden sich in einer Klasse die Täterinnen und Täter sowie Opfer, die heimlichen wie die offiziellen Führerinnen und Führer. In Mädchen- und Jungengruppen können Themen geschlechtsspezifisch bearbeitet werden. Die Mitschülerinnen und Mitschüler selbst sind in Diskussionen und Konflikten oft wertvolle Reflexionspersonen und geben Rückmeldungen zum sozialen Verhalten anderer. Damit trägt soziale Gruppenarbeit zur Enttabuisierung und konstruktiven Bearbeitung eventuell „heikler" Themen bei *(vgl. Drilling 2001: S. 133)*. Inhaltlich geht es in unserem Themenkontext vor allem um Vorurteile, Ängste, Beleidigungen und das Coming-Out *(vgl. Braun/ Lähnemann 2002: S. 6)*. Hier haben Schülerinnen und Schüler Gelegenheit, sich mit Homosexualität im Allgemeinen auseinanderzusetzen, Parallelen und Ähnlichkeiten zu ihrem Leben zu entdecken (Gefühle, ausgegrenzt werden,…).

Wie alle Themen aus dem Bereich der Sexualität bedeutet auch Homosexualität eine Gratwanderung zwischen einer Scheu, traditionell Tabuisiertes offen auszusprechen, und einer sich möglicherweise aus den gleichen Gründen ergebenden verstärkten Direktheit, die sich über die in der Pubertät besonders ausgeprägte Abneigung der Jugendlichen vor psychischer Entblößung, denn das stellt ein Sich-Einlassen auf die Thematik für diese dar, rücksichtslos hinwegsetzt. Ein besonders behutsames Vorgehen wird vor allem dann notwendig sein, wenn sich in der Gruppe Schülerinnen und Schüler aus Kulturkreisen befinden, in denen sexuelle Beziehungen zwischen Unverheirateten im Allgemeinen und homosexuelle Beziehungen im Besonderen nach wie vor gesellschaftlich geächtet und/ oder sogar gesetzlich verboten sind. Auch unter Berücksichtigung dieser Aspekte ist zu entscheiden, ob eine bestimmte Arbeitsform wünschenswert ist, ob in geschlechtshomogenen Gruppen gearbeitet werden sollte etc. *(vgl. Freie und Hansestadt Hamburg 2003: S. 15)*.

5.2.1 Lernziele

Welche Lernziele während eines Projektes erreicht werden können, ist grundsätzlich von verschiedenen Bedingungen abhängig wie dem zeitlichen Rahmen und der Offenheit und Bereitschaft der teilnehmenden Personen. Sie lassen sich jedoch grob in drei Bereiche einteilen:

Erstens: Diskriminierungen Einhalt gebieten
Schülerinnen und Schüler sollen sich mit Menschen, die „anders" sind, auseinandersetzen und erkennen, dass es unterschiedliche Individuen und Lebenspläne gibt und dass Vielfalt eine Bereicherung für alle darstellt *(vgl. GEW Baden-Württemberg 2005: S. 7)*. Wissenslücken sollen gefüllt und Vorurteile abgebaut werden *(vgl. Freie und Hansestadt Hamburg 2003: S. 14)*.

Zweitens: Sich mit dem eigenen Normalitätsverständnis auseinandersetzen

Auseinandersetzungen mit vielfältigen Lebensweisen stellen Bestehendes in Frage und bergen die Chance in sich, die eigene Lebensform zu reflektieren und damit aktiv zu einer eigenen Identität zu finden *(vgl. GEW Baden-Württemberg 2005: S. 7)*. Schülerinnen und Schüler sollen Homosexualität als eine Ausprägung menschlicher Sexualität begreifen lernen, die gleichberechtigt mit anderen Orientierungen existiert *(vgl. Freie und Hansestadt Hamburg 2003: S. 14)*.

Drittens: Emanzipation fördern

Schülerinnen und Schüler sollen Ich-Stärke, Einfühlungs- und Abgrenzungsvermögen und Respekt vor dem persönlichen Bereich und den Gefühlen anderer entwickeln, um sich in ihren Beziehungen gleichberechtigt, partnerschaftlich und gewaltfrei verhalten zu können *(vgl. Freie und Hansestadt Hamburg 2003: S. 14)*. Lesbische Mädchen und schwule Jungen sollen gestärkt werden. Sie sollen eine positive Identität entwickeln, sich also selbst als wertvoll erleben und daraus die Kraft schöpfen, eigene Wege zu gehen *(vgl. GEW Baden-Württemberg 2005: S. 7)*.

5.2.2 Methoden

Der Einsatz und die Auswahl von Methoden für sozialpädagogische Projekte und Einheiten sind entscheidend für den Grad der Auseinandersetzung und der möglichen Veränderung oder Verfestigung der Sichtweisen und Standpunkte der Teilnehmerinnen und Teilnehmer. Es gibt eine Fülle von Möglichkeiten, wie zu dem Thema Homosexualität gearbeitet werden kann. Grundsätzlich sollte zwischen Methoden der Wissensvermittlung (z.B. Referate, Texte, Filme) und der Selbsterfahrung (z.B. Rollenspiele) gewechselt werden. Da das Thema Homosexualität in unserer Gesellschaft noch immer bei vielen Menschen Unsicherheit und Berührungsängste auslöst und stark emotionsbeladen ist, reicht eine Wissensvermittlung allein nicht aus, um Vorurteile, Ängste und Unsicherheiten abzubauen. Das Wissen um diese emotionalen Blockaden ist wichtig, um angemessen auf sie eingehen und mit ihnen umgehen zu können. Widerstände nicht wahrzunehmen oder zu übergehen, verhindern Veränderungsprozesse in Bezug auf Akzeptanz gleichgeschlechtlicher Lebensweisen. Deshalb sollen sich Schülerinnen und Schüler mit ihrer eigenen Hetero- oder Homosexualität auseinandersetzen (Selbsterfahrung).

Selbsterfahrungsanteile können entweder sehr begrenzt und kontrolliert ablaufen, zum Beispiel indem Teilnehmerinnen und Teilnehmer im Gespräch aufgefordert werden, über sich zu sprechen („Stell dir vor...", „Was wäre, wenn...?", „Wie geht es dir mit...?") oder zum Beispiel durch Rollenspiele und Einfühlungsübungen tiefer gehende persönliche Erfahrungen ermöglichen. Diese dienen dazu, sich in verschiedene Personen und Situationen hineinzuversetzen mit dem Ziel, Personen und Situationen verstehen zu lernen. Figuren werden so in ihrer Ganzheit wahrgenommen, in ihren Emotionen, Standpunkten und Reaktionsweisen. Schülerinnen und Schüler können exemplarisch verschiedene Situationen, alternative Verhaltensmöglichkeiten und Konfliktlösungen erleben. Dabei ist darauf zu achten, dass Spielerinnen und Spieler freiwillig teilnehmen und dass Beobachtende eingesetzt werden *(vgl. Senatorin für Arbeit, Frauen, Gesundheit, Jugend und Soziales 2004: S. 27 ff).*

5.2.3   Beispielübungen

Übungen sind sehr wichtige Werkzeuge für die praktische Arbeit. Gerade bei Themen aus dem Bereich der Sexualität bieten sie Sozialpädagoginnen und -pädagogen Sicherheit und Handlungskompetenz, sowie Schülerinnen und Schülern Hilfestellungen bei der Auseinandersetzung mit dem Thema. Im Folgenden werden Ihnen einige mögliche Übungen dargestellt, die geeignet sind, Inhalte und Gefühle zum Thema Homosexualität zu erfahren und zu reflektieren, sich über Prägungen durch das eigene Umfeld klar zu werden und sich in fremde Rollen einzufühlen. Die im Folgenden dargestellten Übungen sind als Beispiele und Anregungen zu verstehen. Grundsätzlich sind Übungen nach den Bedürfnissen und Interessen der Jugendlichen zu richten und möglichst zusammen mit ihnen zu erarbeiten bzw. einzusetzen. Bitte beachten Sie, dass die ausgesuchten Übungen nicht weiter einem Anforderungsniveau bezüglich der Schulform, der Vertrautheit oder der Reflexions- oder Spielerfahrung zugeordnet sind. Ebenso wurde auf das Darstellen von speziellen Kennenlern- und Vertrauensübungen verzichtet, die zur Einleitung eines Projektes sowie jeder Einheit nötig wären.

Familie Meier, Geier und Seyer
Ziel: Erkennen, dass unterschiedliche Formen von Familien existieren.
Ablauf: Es gibt verschiedene Familien mit ähnlich klingenden Namen (Meier, Geier, Seyer, Beyer, etc.). Alle Familien haben dieselbe Anzahl von Familienmitgliedern (z.B. Mutter, Vater, Tochter, Sohn). Jede Schülerin und jeder Schüler erhält eine Karte mit einer angegebenen Identität (z.B. Mutter Meier, Sohn Seyer); sie merken sich die Identitäten und geben die Karten zurück. Wenn die Gruppen das Startsignal erhalten, müssen sich die Mitglieder einer jeden Familie zusammenfinden und sich zu einem Familienfoto aufstellen. Jede Familie posiert vor der ganzen Klasse. Die Schülerinnen und Schüler außerhalb dieser Gruppe können dann versuchen zu raten, wer in dieser Familie welche Rolle hat. Dann wird eine zweite Runde dieser Übung durchgeführt. Dieses Mal werden einige Karten ausgetauscht, ohne dass die Teilnehmenden es merken. Einige Familien haben nun andere Konstellationen: In einer Familie gibt es zwei Mütter oder zwei Väter, andere sind Familien mit nur einem Elternteil, in einer anderen kann der frühere Liebhaber eines Familienmitglieds integriert werden.
Mögliche Fragen für die Diskussion im Plenum: Was hast du gefühlt, als du bemerkt hast, dass es zwei Mütter oder zwei Väter in deiner Gruppe gibt? Kennst du jemanden, der mit zwei Müttern oder zwei Vätern lebt? Was ist eine Familie? Was ist in einer Familie für dich wichtig? Welche verschiedenen Formen des Zusammenlebens kennst du?
Zu beachten: Es ist sehr wichtig, dass die Jugendlichen nicht merken, dass die Identitäten auf den Karten in der zweiten Runde gewechselt haben. Damit sie das nicht entdecken, sollte ein zweiter Satz Karten vorbereitet werden. In der zweiten Runde können die Jugendlichen zunächst dadurch verwirrt sein und denken, dass die Lehrerin/der Lehrer beim Schreiben der Karten einen Fehler gemacht hat (z. B. „Sie haben zu viele Mütter in eine Gruppe gesteckt!"). Die Phase der Irritation sollte einen Moment lang ausgehalten werden, bevor erklärt wird, dass dies beabsichtigt ist. *(Quelle: MGSFF 2004: Themenkarte Beziehungen, S. 5 f)*

Wer nicht fragt, bleibt dumm!
Ziele: Begriffsklärungen und Aufgreifen des Wissensstandes in der Gruppe, Einstieg
Zeitbedarf: 60 - 120 Minuten
Materialien: Fragebogen
Ablauf: Zunächst werden die Fragebögen verteilt. Es werden zwei Untergruppen gebildet, die jeweils einen Fragebogen erhalten und sich gegenseitig Fragen stellen.
Bei richtigen Antworten werden Punkte an die jeweiligen Gruppen vergeben.
Die Gruppe, die die meisten Punkte erhält, hat gewonnen. *(Denkbar wäre auch, eine Klasse in Kleingruppen einzuteilen und sie die Fragen im Sinne eines „Familienduells" beantworten zu lassen. Anmerkung der Verfasserin)*
Mögliche Fragen:
Was bedeutet heterosexuell? Was bedeutet homosexuell? Was bedeutet schwul? Was bedeutet lesbisch? Was bedeutet bisexuell? Was ist ein Coming-Out? Nenne zwei prominente homosexuelle Personen! Schätze, wie viele Menschen (in Prozent) gleichgeschlechtliche Erfahrungen gemacht haben. Kann jemand zur Homosexualität verführt werden? Was ist ein Gummi? Wofür wird ein „Lecktuch" (dental dam) benutzt? Was ist die lesbische / schwule Szene? Was bedeutet CSD? Werden Söhne oder Töchter von Schwulen und/ oder Lesben schwul oder lesbisch? Wie viele Menschen der Bevölkerung leben im Durchschnitt ausschließlich homo-sexuell? Gibt es eine Rollenverteilung (Mann/Frau) in homosexuellen Beziehungen? Dürfen lesbische/ schwule Paare Kinder adoptieren? Dürfen lesbische/ schwule Paare heiraten? Woher bekommt man Infos über Homosexualität und Bisexualität?
(Quelle: Senatorin für Arbeit, Frauen, Gesundheit, Jugend und Soziales 2004: S. 50)

Ich-/Ich-nicht-Spiel
Ziele: Vielschichtigkeit von Mehrheits- und Minderheitenrollen erfahren, Gemeinsamkeiten und Unterschiede feststellen, Auflockerung
Zeitbedarf: 20 Minuten
Materialien: Blätter mit den Antworten *Ich / Ich nicht*
Ablauf: Die Leitung bereitet eine Liste mit Wer-Fragen vor. Zwei gegenüberliegende Wände im Raum sind mit den beiden möglichen Antworten „Ich" und „Ich nicht" gekennzeichnet. Die Teilnehmenden gehen durch den Raum und bekommen verschiedene Wer-Fragen gestellt. Die Teilnehmenden werden gebeten, sich zuzuordnen, auch wenn es bei einzelnen Fragen vielleicht schwierig ist. Eine Mitte oder neutrale Stelle gibt es nicht. Das entstandene Bild wird betrachtet und es wird darauf geachtet, wie man sich jeweils fühlt. Dann gehen wieder alle frei umher bis zur nächsten Frage.
Mögliche Wer-Fragen: Wer kennt prominente Lesben, Schwule und Bisexuelle? Wer kennt privat Lesben, Schwule und Bisexuelle? Wer ist mit einer Lesbe, einem Schwulen oder einem Bisexuellen befreundet? Wer würde sich trauen, als Mädchen mit einem Mädchen, von dem andere behaupten, dass es lesbisch sei, oder als Junge mit einem Jungen, von dem behauptet wird, er sei schwul, gemeinsam durch die Stadt zu gehen? ...in einem Zimmer zu übernachten? ...sie oder ihn deine Freundin/ deinen Freund zu nennen? Wer hat schon mal eine Schwulen- oder Lesbenzeitschrift gelesen? Wer würde als Mädchen auf eine Lesben-, als Junge auf eine Schwulenparty gehen? Wer hat schon einmal leidenschaftlich eine Frau geküsst? Wer hat schon einmal leidenschaftlich einen Mann geküsst? Wer hat bei mindestens einer Frage geschummelt?
Wichtig: Es muss vor Beginn der Übung darauf hingewiesen werden, dass auch geschummelt werden darf und niemand gezwungen ist, alle Fragen ehrlich zu beantworten. Daher lautet die letzte Frage: „Wer hat bei mindestens einer Frage geschummelt?". Nach den Fragen folgt eine Gesprächsrunde dazu, wie die Teilnehmenden sich gefühlt haben, was ihnen aufgefallen ist, was sie überrascht hat.
Zu beachten: Die Situation, sich allein oder nur mit wenigen anderen gemeinsam auf einer Seite zu befinden, kann mit der Situation von Lesben, Schwulen und Bisexuellen verglichen werden, die in einer heterosexuellen Umgebung leben. Es ist wichtig, dass die Leitung mitspielt und wie alle anderen auch auf die Fragen antwortet. Die Spielleitung sollte außerdem auf die letzte Frage, wer bei mindestens einer Frage geschummelt hat, mit „Ich" antworten; andernfalls werden die meisten Jugendlichen schwerlich zugeben, wenn sie vielleicht selbst das ein oder andere Mal nicht die Wahrheit gesagt haben.
(vgl. MGSFF 2004: Themenkarte Coming-Out, S. 5)

Liebesgeschichten
Ziel: Auseinandersetzung mit Ähnlichkeiten und Unterschieden bei gegen- und gleichgeschlechtlicher Orientierung
Zeitbedarf: 90 - 120 Minuten
Materialien: Liebesgeschichten
Ablauf: Die Geschichten *(siehe unten)* werden von der Leitung laut vorgelesen. Dann werden folgende Fragen besprochen: Ist die Erzählerin bzw. der Erzähler ein Mädchen oder ein Junge? Sind sie heterosexuell, schwul, lesbisch oder bisexuell? Warum denkst du das? Kann es auch anders sein? Erkennt ihr einige der beschriebenen Gefühle und Erfahrungen wieder? Wo gibt es Gemeinsamkeiten? Wo tauchen Schwierigkeiten auf, wenn jemand schwul bzw. lesbisch ist? Antworten können auch in Kleingruppen bearbeitet und im Plenum vorgestellt, verglichen und kurz besprochen werden.
Geschichte 1: Als ich Conny das erste Mal gesehen hab', gefiel sie mir gleich gut. Sie war die Freundin von einer Mitschülerin, die ich schon ein paar Mal gesehen hatte, bevor ich sie kennen lernte. Das war auf einer Fete. Eigentlich war's da total langweilig: blöde Leute und komische Musik, so dass wir nach kurzer Zeit beschlossen habe, lieber noch in eine Disco zu

gehen. Da haben wir 'ne Menge Spaß miteinander gehabt, rumgeblödelt, zusammen getanzt und viel gelacht. Und als wir dann keine Lust mehr auf die laute Musik hatten, sind wir noch zu mir gegangen, weil ich nicht so weit weg wohne. Da haben wir es uns gemütlich gemacht in meinem Zimmer und in so 'ner richtig schönen Stimmung angefangen, uns gegenseitig zu streicheln und zu küssen. Das ging dann immer weiter und war echt ein tolles Gefühl. Seit dem Abend waren wir dann zusammen – anderthalb Jahre insgesamt – und haben uns super verstanden. Das ist jetzt auch schon 'ne ganze Zeit her... jetzt hören wir nur noch ab und an mehr durch Zufall voneinander. Schade...

Geschichte 2: Peter habe ich mit 17 in den Ferien kennen gelernt. Wir waren zusammen mit noch 30 Jugendlichen auf einer Jugendreise in Spanien. Es entstand ziemlich schnell ein tolles Gruppengefühl, aber mit Peter habe ich mich am besten verstanden. Wir haben auch viel Scheiß' vorgehabt, und wenn mal Ärger drohte, haben wir einander den Rücken gestärkt. Tja, und danach sind Peter und ich dann versackt bei ihm im Zelt. Auf einmal lagen wir zusammen im Schlafsack und haben miteinander geschmust, uns gestreichelt und geküsst – und uns gegenseitig befriedigt. Das war total schön und wir haben's so richtig genossen. Danach sind wir zusammen eingeschlafen und sogar aufgewacht. Zum Glück wohnen wir nicht so weit auseinander, so dass wir uns auch nach der Fahrt noch oft sehen konnten. Wir haben uns oft getroffen und auch weiter miteinander Sex gehabt – und uns super verstanden. Na ja, das ist jetzt schon 'ne ganze Weile her, inzwischen sehen wir uns kaum noch und ich bin schon seit einem Jahr mit Jasmin zusammen... *(Quelle: Senatorin für Arbeit, Frauen, Gesundheit, Jugend und Soziales 2004: S. 54f)*

„Wir lieben uns" Rollenspiel
Ziel: u.a. Nachfühlen des Sich-Rechtfertigen-Müssens
Ablauf: Verschiedene Paare (Mädchen - Mädchen, Junge - Mädchen, Junge - Junge) erklären und verteidigen gegenüber einer dritten und vierten Person (Mutter, Vater, Lehrer/in, Pastor/in,...), die dies missbilligen, dass sie ein Paar sind. In die Haltung, die von der dritten und vierten Person dazu jeweils eingenommen werden, können dabei unterschiedliche gesellschaftliche Positionen mit einbezogen werden, wie „Homosexualität ist eine Krankheit/ Sünde", „Homosexualität woanders ist okay, aber nicht in unserer Familie" oder „Was haben wir nur falsch gemacht"?
Nachdem die Argumente für die Verteidigung der Aussagen erschöpft sind, finden sich die Jugendlichen in der Runde ein. Dort tauschen sie ihre Erfahrungen und Gefühle aus. Die folgenden Fragen können an die Gruppe gerichtet werden: Wie habe ich mich auf dem Platz gefühlt? Fiel es leicht, Argumente zu finden? Wie haben die Argumente der anderen auf mich gewirkt? Welche Argumente waren neu für mich? *(Quelle: Freie und Hansestadt Hamburg 2003: S. 24)*

5.3 Schwul-lesbische Aufklärungsprojekte

Schwul-lesbische Aufklärungsprojekte werden von jungen Lesben und Schwulen geleitet und richten sich vorrangig an Schulen und Jugendeinrichtungen, um dort zu den Themen sexuelle Orientierung und Homosexualität aufzuklären und zu informieren. Die verschiedenen Aufklärungsprojekte in Deutschland haben kein einheitliches Konzept, nachdem sie arbeiten. Sie entstanden aus verschiedenen Motivationen und die meisten haben sich unabhängig voneinander gegründet und entsprechend entwickelt. Dennoch gibt es viele

Gemeinsamkeiten. Die Projekte gehen entweder an Schulen oder laden Schulklassen zu sich ein. Zumeist besteht das Team aus einer Frau und einem Mann, in einigen Projekten sind es aber auch mehr Teamerinnen und Teamer *(vgl. Timmermanns 2003: S. 79f)*. Die meisten Gruppen legen viel Wert auf *peer education* und versuchen, das Team möglichst „jung" zu halten, also gerne auch Jugendliche aufzunehmen, die selbst noch zur Schule gehen, um Klassen so die Identifikation mit dem Team zu erleichtern *(vgl. Timmermanns 2003: S. 81)*. Die Veranstaltungen, bei denen in der Regel keine Pädagoginnen und Pädagogen dabei sind, beanspruchen oft zwei Stunden, dies stellt aber die untere Grenze der Sinnhaftigkeit dar *(vgl. Timmermanns 2003: S. 79f)*. Die Zeitpläne der Projekte ähneln sich in der Regel sehr, so gleicht das folgende Zeitkonzept der Berliner Gruppe KomBi auffallend dem der Hamburger Gruppe soorum:

1. Begrüßung
2. Vorstellungsrunde
3. Erläuterung der Begriffe „homo-", „hetero-" und „bisexuell"
4. Didaktische Vermittlungsformen (Methoden)
5. Fragerunde
6. Diskussion
7. Abschlussrunde mit Feedback

(vgl. Timmermanns 2003: S. 80).

Doch da vor allen methodischen Überlegungen stets die Ziele kommen, hier zuerst einige gemeinsame Ziele:

5.3.1 Lernziele

Von Entstehung der Gruppen an bis heute haben sich die Ziele der Aufklärungsprojekte verändert und weiterentwickelt. Im Allgemeinen aber geht es allen Projekten (mit unterschiedlicher Gewichtung) um folgende Ziele:

- offen über Liebe, Partnerschaft, Hetero-, Bi- und Homosexualität reden
- Unterstützung Jugendlicher bei ihrer Identitätssuche durch Bieten von Orientierungshilfen und Informationen (Wissensvermittlung über Homosexualität)
- Darstellen von Homo-, Bi- und Heterosexualität als verschiedene, aber gleichwertige Ausdrucksformen der menschlichen Sexualität, doch auch
- die Erkenntnis, dass Lesbisch- bzw. Schwulsein mehr ist als nur Sexualität
- Aufzeigen unterschiedlicher Lebensentwürfe

- Erweiterung des Begriffs von Sexualität (zuzüglich zum Fruchtbarkeitsaspekt der Identitäts-, Beziehungs- und Lustaspekt)
- Herausarbeitung von Differenzen hetero- und homosexueller Lebensweisen
- Aufgreifen, Hinterfragen und Korrigieren von gängigen Vorurteilen gegenüber Lesben und Schwulen
- für gleiche Rechte von Lesben und Schwulen eintreten

Dabei gelten diese Ziele nur als Leitfaden. Dass nicht all diese Punkte während einer Veranstaltung erreicht werden können, dürfte klar sein *(vgl. Timmermanns 2003: S. 80ff)*.

5.3.2 Methoden

Zentrale Methode ist bei nahezu allen Gruppen das Gespräch bzw. die Gruppendiskussion. In den Projekten werden viel (geschlechtshomogene) Kleingruppenarbeit, Rollen- und sonstige Spiele sowie vor allem das Erzählen aus der eigenen Biografie und von persönlichen Erfahrungen eingesetzt *(vgl. Timmermanns 2003: S. 79)*, besonders unter Zuhilfenahme der Methode des Aufforderns zur Perspektivübernahme (*„Was wäre, wenn..."*). Aber auch Frage- und Informationsrunden, Bilder, Fotografien, Filme, Brainstorming und Phantasiereisen *(vgl. Timmermanns 2003: S. 79)*. Der Anschaulichkeit halber werde ich im Folgenden einen prototypischen Ablauf eines Projektes für eine Schulklasse skizzieren. Die einzelnen Schritte des Ablaufs werden durch Überlegungen, Begründungen und gängige Alternativen und Variationen ergänzt.

5.3.3 Ablauf am Beispiel des Projektes *soorum*

soorum ist das sozialpädagogisch angeleitetes ehrenamtliches Aufklärungsprojekt von jungen Lesben und Schwulen des Magnus-Hirschfeld-Centrums in Hamburg. Das Magnus-Hirschfeld-Centrum ist ein Beratungs-, Kommunikations- und Kulturzentrum für Schwule, Lesben, Bi- und Transsexuelle.

Bei soorum engagieren sich derzeit sieben weibliche und neun männliche Jugendliche und junge Erwachsene, im Alter zwischen 16 und 30 Jahren. Das Projekt ist zwar grundsätzlich ein Projekt von jungen Lesben und Schwulen, es wirken aber seit Jahren auch einzelne heterosexuell Orientierte im Team mit. Gebucht wird das Projekt von Jahrgang 6 bis zu Oberstufenkursen, vereinzelt gibt es auch Anfragen von berufsbildenden Schulen. Bis auf

Förder- und Sonderschulen sind alle Schulformen vertreten. Je nach Altersstufe, Niveau oder sonstigen Gegebenheiten und Wünschen wird das Konzept einer Veranstaltung verändert. In der Regel dauert eine Veranstaltung knapp vier Stunden lang *(vgl. Magnus-Hirschfeld-Centrum 2007: S. 3)*.

1. Kontaktaufnahme

In den meisten Fällen nimmt die zuständige Lehrkraft Kontakt zu *soorum* auf. Teilweise geschieht dies aber auch durch Schülerinnen oder Schüler. Dabei kommt es vor, dass die Organisatorin/ der Organisator *soorum*, das Magnus-Hirschfeld-Centrum oder einzelne Teamer bereits kennen sowie, dass sie nur von *soorum* gehört haben, die Homepage oder Flyer etc. kennen.

Die Veranstaltungen finden in der Regel im Café des Magnus-Hirschfeld-Centrums statt, wobei durch den entstehenden „Ausflugscharakters" dem Besuch mehr Bedeutung geben soll, als es in der Schule der Fall wäre. Durch das Begeben in eine ihnen fremde Umgebung steigt die Anspannung einer Gruppe leicht an, was auch mehr Aufmerksamkeit bedeutet. „Rollen", die Schülerinnen und Schüler in ihrem Klassenverband innehaben, können durch eine neue Umgebung vergrößerte Spielräume erleben. Des Weiteren betreten Schülerinnen und Schüler ein Schwul-Lesbisches Zentrum und erleben dort – oft entgegen ihrer Vorstellungen und somit überraschende – Normalität. So kann ein solcher Besuch im Rahmen einer schulischen Veranstaltung auch die Hochschwelligkeit nehmen, eine solche Einrichtung zu betreten *(vgl. Magnus-Hirschfeld-Centrum 2007: S. 3f)*.

Andererseits gibt es auch viele Projekte, die normalerweise an Schulen gehen. Das Bearbeiten der Themenkomplexe Homosexualität oder sexuelle Orientierungen kann im gewohnten Umfeld mehr Sicherheit geben. Außerdem kommt es nicht zu einer Abspaltung der Veranstaltung und somit der Thematik von der Lebenswelt der teilnehmenden Jugendlichen, die drohen kann, wenn Schülerinnen und Schüler eine Exkursion machen *(vgl. Timmermanns 2003: S. 79)*.

2. Begrüßung und Vorstellung

Zu Beginn eines soorum-Termins nehmen alle im Cafébereich des Magnus-Hirschfeld-Centrums Platz, die Besucher an den Café-Tischen und Teamerinnen und Teamer aufgereiht an der Bar. Nach einem kurzen Willkommen werden die Jugendlichen aufgefordert, die sexuelle Orientierung der vor ihnen sitzenden Teamerinnen und Teamer zu erraten. Oft reagieren Jugendliche zuerst verhalten und sind verlegen, da sie einerseits gelernt haben, sich auf Ausflügen zurückzuhalten und andererseits jemanden als „homo", „lesbisch" oder „schwul" bezeichnen sollen, was in ihrer Erlebniswelt in der Regel eher als Beschimpfung gilt. Diesen Konflikt bewältigen Jugendliche durch betretenes Schweigen, vorsichtiges rationales Einschätzen, oft mit Entschuldigungen, oder durch Provokationen. Dabei ist Provokation zumeist der dankbarste Einstieg in das Thema, da es fast immer möglich ist, diese als konstruktiven und inhaltlichen Beitrag zu werten. Das wird von Jugendlichen nicht erwartet und führt zu einer meist sehr konstruktiv nutzbaren Irritation. Doch auch eine abgeklärte, rationale Reaktion ermöglicht einen schnellen inhaltlichen Einstieg – meist über Klischees und Äußerlichkeiten. Schweigen ist die größte Herausforderung an das Team. Hier braucht es Geduld und Variationen der Fragestellungen, um die Stille aufzubrechen. Der ganze Vorgang dauert meist keine zehn Minuten. Nach einer kurzen Auflösung und Vorstellung des Teams wird das Magnus-Hirschfeld-Centrum in wenigen Sätzen vorgestellt und es wird ein Überblick über den weiteren Ablauf der Veranstaltung gegeben *(vgl. Magnus-Hirschfeld-Centrum 2007: S. 4f)*.

3. Hausführung

Im Anschluss an die Begrüßungsrunde werden die teilnehmenden Jugendlichen nach Geschlecht getrennt, um bei der Hausführung kleinere Gruppen zu haben und um im Anschluss direkt in die Kleingruppenarbeit gehen zu können. Die Hausführung führt durch alle Räume und dient neben dem Kennenlernen auch der Auflockerung, da Reaktionen seitens der Schülerinnen und Schüler, gerade auch nonverbale, bei einem Rundgang besonders lebhaft sind. Außerdem wird zu jedem Raum ein bisschen Hintergrund erzählt. Am Ende des Rundgangs haben die Jugendlichen alle Räume gesehen und es ist deutlich geworden, dass es darum eigentlich nur am Rande geht. Nach dem Rundgang ist die Atmosphäre zumeist schon entspannter und die Umgebung ist für die Jugendlichen jetzt etwas vertrauter *(vgl. Magnus-Hirschfeld-Centrum 2007: S. 5)*.

4. Kleingruppen

Nach der Hausführung finden sich die beiden Kleingruppen jeweils in einem der Gruppenräume ein. Jede der entstanden Kleingruppen wird von zwei bis drei Teammitgliedern des gleichen Geschlechts geleitet. Lehrkräfte sind bei den Kleingruppen nicht dabei.
Dem Einstieg dient eine kurze Vorstellungsrunde, die nur aus Nennung des Namens und Alters besteht. Den teilnehmenden Jugendlichen steht frei, zu Beginn ihre Fragen anonym auf Zettel zu schreiben und gesammelt abzugeben oder sie direkt offen zu stellen. Meistens wird die letztere Methode bevorzugt. Es sind ausdrücklich alle Fragen erlaubt. Mal sind Themen wie Beziehung, Partnerschaft und Kinderwunsch von Interesse, mal konzentriert sich das Gespräch

auf Sexualpraktiken und Gesundheitsprävention, dann wieder stehen weltanschauliche und religiöse Fragen im Mittelpunkt oder es geht vorrangig um Diskriminierungserfahrungen. Die Fragen werden von den *soorum*-Mitarbeiterinnen und -Mitarbeitern beantwortet, wobei einige Fragen an die Runde zurückgeben, eigene Fragen oder auch Gegenfragen gestellt werden. Wie ernsthaft und vertraut diese Gespräche werden ist von Gruppe zu Gruppe sehr unterschiedlich, oft sind sie aber beeindruckend intim und immer eine Steigerung zu dem, was vorher im ganzen Klassenverband möglich war.

Je nach Motivation und Aufmerksamkeit der jeweiligen Gruppen, tauschen die Teamerinnen und Teamer der Gruppen noch einmal miteinander, um geschlechterübergreifende Fragen zu ermöglichen.

5. Abschlussrunde

Nach einer kurzen „Umzugspause" treffen sich wieder alle im Café. Auch die Lehrkräfte nehmen wieder teil, da es für Jugendliche auch wichtig sein kann zu sehen wie ihre Lehrerinnen und Lehrer sich im Umgang mit dem Thema Homosexualität verhalten. In der Abschlussrunde berichten Jugendliche und Teamer kurz aus den Kleingruppen und es gibt eine vorerst letzte Chance für weitere Fragen. Abschließend erfolgt eine kurze Reflexion der Veranstaltung auf Basis freiwilliger Wortmeldungen – von seiten der Schülerinnen und Schüler sowie auch der Teamerinnen und Teamer *(vgl. Magnus-Hirschfeld-Centrum 2007: S. 8)*.

5.3.4 Evaluation eines lesbisch-schwulen Aufklärungsprojektes

Stefan Timmermanns *(2003)* kontaktierte im Jahr 1999 200 weiterführende Schulen in Nordrhein-Westfalen und lud sie ein, an einer Untersuchung zur Evaluation von schwullesbischen Aufklärungsprojekten mitzuwirken, in dem Schülerinnen und Schüler einer Klasse an einer solchen Veranstaltung teilnahmen und anschließend Fragebögen ausfüllen sollten. Von den 200 Anfragen wurden 40 beantwortet, nur zehn davon positiv (drei Hauptschulen, fünf Realschulen, zwei Gesamtschulen, kein Gymnasium) *(vgl. Timmermanns 2003: S. 93ff)*.

Timmermanns befragte die teilnehmenden Jugendlichen vor und nach der Veranstaltung in einem Fragebogen. Hier hatten diese die Möglichkeit, einzelne Fragen zu ihren Gedanken und Empfindungen zu Homosexualität sowie zur Veranstaltung selbst von 1 bis 6 zu bewerten, wobei eine 1 die negativste und eine 6 die positivste Bewertung darstellt. Eine Bewertung mit 1, 2 oder 3 beinhaltet also eine grundsätzlich ablehnende, eine Bewertung mit 4, 5 oder 6 eine grundsätzlich bejahende, gut heißende Haltung gegenüber dem Inhalt der Frage *(vgl. Timmermanns 2003: S. 123).*

Durch die Fragebögen konnte ermittelt werden, dass Schülerinnen und Schüler mit extrem positiver oder negativer Meinung diese nach einer Teilnahme an einer Veranstaltung eines Aufklärungsprojektes sehr selten ändern. Das größte Potential zur Einstellungsänderung zeigte sich bei denjenigen, die eine leichte oder mittelstarke Ablehnung aufweisen.

Bei mehr als der Hälfte der Jugendlichen konnte ein positiver Effekt durch die Begegnung nachgewiesen werden, eine starke positive Wirkung zeigte sich bei jedem zehnten Mädchen und jedem fünften Jungen. Jugendliche gaben an, dass durch Gespräche bei ihnen Denkprozesse angeregt worden sind und ihre Unwissenheit über Lesben und Schwule reduziert wurde. Teilweise konnten sogar Klischees relativiert, Vielfalt lesbischer und schwuler Identitäten sowie „Normalität" des Lebens von Lesben und Schwulen vermittelt werden. In wenigen Fällen sind jedoch auch Klischees bestätigt worden und bei ein paar Jugendlichen verschlechterte sich die Einstellung zu Homosexualität.

Drei Viertel der Jugendlichen bewerteten den Besuch des Projektes mit der Note gut bis sehr gut. Viele wünschen sich eine Wiederholung der Veranstaltung. Gelobt wurde vor allem die Offenheit, mit der die Gäste von sich und ihren Erfahrungen sprachen. Kritisiert wurden die zu kurze Dauer der Begegnung, mangelnde Pausen oder manche Methoden *(vgl. Timmermanns 2003: S. 184f).*

Es gilt zu bedenken, dass die dargestellten statistischen Werte und Ergebnisse nur einen Teilausschnitt dessen wiedergeben können, was sich verändert hat. Ihre Aussagekraft muss also relativ betrachtet werden *(vgl. Timmermanns 2003: S. 122).*

5.3.5 Kritik an lesbisch-schwulen Aufklärungsprojekten

Ein Aufklärungsprojekt zu buchen, kann und darf natürlich – wie auch Projektwochen – niemals eine alleinstehende Methode sein. Eine solche Veranstaltung macht nur Sinn, wenn sie ein Teil eines großes Pakets ist, in dem noch andere Methoden zum Einsatz kommen und vor allem ein Bewusstsein da ist, um Homosexualität auch integrativ zu bearbeiten. Wie in Kapitel 3.3.2 dargestellt, hängt ein regelmäßiger Kontakt zu Lesben und Schwulen eng mit einer akzeptierenden Haltung zusammen. Daher kann ein einmaliger Besuch von Lesben und Schwulen, die zudem von „außen" kommen und so eventuell ein Bild von sich als „die Anderen" erstellen, nur zusätzlich sinnvoll sein. Hier greifen auch Kritiken dekonstruktiver Pädagogik bezüglich einer Verfestigung der Kategorie *Homosexualität* als von der heterosexuellen Norm abweichend. Timmermanns räumt in seiner Evaluation ein, dass in Äußerungen, Methoden und Herangehensweisen der Aufklärungsprojekte sowohl Anhaltspunkte dafür gefunden werden konnten, dass der Vorwurf der Festschreibung von Kategorien gerechtfertigt ist, als auch Belege dafür, dass eine Pluralisierung von Lebensgestaltungsmöglichkeiten oder individuell abweichende Definitionen von Schwul- oder Lesbischsein transportiert wurden. Eine Überprüfung der Arbeitsweisen der bestehenden Aufklärungsprojekte daraufhin, wo sie Schubladendenken fördert, und folgend alternative Didaktiken und Methoden zu entwickeln, sieht er als eine der wichtigsten Aufgaben für die Zukunft.

Inwieweit auch Vorurteile rekonstruiert werden, hängt aufs engste mit den jeweiligen Teamerinnen und Teamern zusammen. Die wenigsten deutschen Aufklärungsprojekte verfügen über ein Qualitätsmanagement zur Reflexion, Aus- und Weiterbildung ihrer Mitarbeiterinnen und Mitarbeiter. Unter anderem die persönliche Betroffenheit birgt hier die Gefahr, dass Fragen von Jugendlichen zwar wohl wahrheitsgemäß, jedoch auch unreflektiert beantwortet werden. Motivation und Ziele der Einzelnen müssen daher im Team reflektiert werden, um einer solchen Entwicklung entgegen zu wirken *(vgl. Timmermanns 2003: S. 187ff).*

6. Zusammenfassung

Die wenigsten heute erwachsenen Lesben und Schwulen waren sich bereits in ihrer Jugend über ihre gleichgeschlechtliche Orientierung bewusst. Heterosexismus und internalisierte Homophobie bedingen so, dass die meisten (homosexuellen) Frauen und Männer in ihrer Jugend nicht das erleben konnten, was viele andere (heterosexuelle) Frauen und Männer erlebten. Während diese eifrig ihrer sexuellen Orientierung frönten, gingen gleichgeschlechtlich Orientierte einen heterosexuellen „Umweg" oder hielten sich versteckt. Auch heute noch bietet die Institution Schule homosexuellen Jugendlichen bei der sexuellen Identitätssuche in der Regel keine Hilfestellung. Gleichgeschlechtliche Orientierungen kommen im Unterricht und in Unterrichtsmaterialien kaum vor. Homosexualität wird als „privat" etikettiert und aus dem Unterricht verbannt. So haben Schülerinnen und Schüler hier keine Chance zu erfahren, dass Homosexualität nichts Schlimmes, sondern etwas Positives ist. Dabei ist gerade die Institution Schule eine wichtige Instanz bei der Persönlichkeitsreifung. Doch hier dominieren gerade und besonders massiv eine heterosexuelle Norm und harte Diskriminierungen von Abweichungen. Damit ist die Institution Schule ein Spiegel unserer heterosexistischen Gesellschaft *(vgl. Hartmann et al. 1998: S. 166)*.

Homosexuelle Jugendliche brauchen mehr Informationen und Begleitung. Sozialarbeit an Schulen kann – über eine integrierte, gleichgestellte Darstellung hinaus – zum Beispiel durch Projektarbeit und das Einladen von lesbisch-schwulen Aufklärungsprojekten versuchen, diesem Gebot nachzukommen.

- Nahezu in jedem Unterrichtsfach besteht die Möglichkeit, gleichgeschlecht-liche Lebensweisen sichtbar zu machen. Dabei ist es wichtig, diese Lebensform nicht als „besondere exotische" Lebensweise zu vermitteln.

- Ein so persönliches und belastetes Thema wie Homosexualität kann nicht als einmaliges Projekt behandelt werden, ohne auch sonst Homosexualität als gleichwertige Lebensform anzuerkennen. Gleichgeschlechtlich orientierte Jugendliche verdienen aufgrund ihrer schwierigen Situation eine besondere Behandlung des Themas. Es muss jedoch vor allem selbstverständlich und integrativ „mitbearbeitet" werden, wenn kein Bild von Homosexuellen als „den Anderen" vermittelt werden soll.

- Jugendliche verfügen über persönliche Erfahrungen, Informationen und Klischeebilder zum Thema „Homosexualität", die es zu nutzen gilt. Wissen von Jugendlichen zu diesem Thema ist oft unvollständig, deshalb bauen sich Mythen auf, um diese Wissenslücken zu füllen. Durch neue und differenzierte Informationen können Mythen abgebaut werden.

- Der eigene Umgang mit Lesben und Schwulen baut Homophobie am besten ab. Einzelne Lesben und Schwule oder lesbisch-schwule Aufklärungsprojekte können eingeladen werden.
- Es ist wichtig, über Einrichtungen, Cafés und Veranstaltungsmöglichkeiten für Lesben und Schwule in der Umgebung informiert zu sein, diese Informationen Schülerinnen und Schülern zugänglich zu machen.
- Indem Menschen von sich aus gleichgeschlechtliche Lebensweisen thematisieren, signalisieren sie Offenheit und Verständnis und werden von den entsprechenden Schülerinnen und Schülern als Vertrauenspersonen wahrgenommen *(vgl. Hartmann et al. 1998: S. 9)*.

Letzteres ist vor allem für folgende Beratungssituationen entscheidend. Für Beratung von lesbischen und schwulen Jugendlichen sind besonders folgende Punkte zu beachten:

- Probleme einer Schülerin oder eines Schülers dürfen nicht automatisch ihrer oder seiner homosexuellen Orientierung zugeschrieben werden.
- Psychische Symptome können durch verinnerlichte Homophobie entstehen oder durch diese beeinflusst werden.
- Beraterinnen und Berater müssen sich mit dem Thema „Coming-Out" auskennen und dessen Gewichtigkeit einschätzen können, sowie um mögliche Konsequenzen wissen.
- Beraterinnen und Berater müssen sich der Auswirkungen von Vorurteilen und Diskriminierungen im täglichen Leben von Lesben und Schwulen bewusst sein *(vgl. Hartmann et al. 1998: S. 10)*.

Diesen Vorurteilen und Diskriminierungen kann auf vielfältige Weise entgegengetreten werden. Es bedarf nur ein wenig Bewusstsein für Homosexualität, um diese in anderen Inhalten mitzuerwähnen. Es sind vor allem kleine Schritte, die die Situation von jugendlichen Lesben und Schwulen an Schulen verbessern würden.

Quellen

Braun, Joachim/ Lähnemann, Lela 2002:
Homosexualität und Sexualpädagogik
In: *BZgA FORUM Sexualaufklärung und Familienplanung 2002:*
Ausgabe 4, Thema: **Gleichgeschlechtliche Lebensweisen**
Köln

BZgA (Bundeszentrale für gesundheitliche Aufklärung) 2003:
Sexualität und Kontrazeption aus der Sicht der Jugendlichen und ihrer Eltern
Köln, 7. Auflage

BZgA (Bundeszentrale für gesundheitliche Aufklärung) 2006:
Jugendsexualität. Repräsentative Wiederholungsbefragung von 14- bis 17jährigen und ihren Eltern
Köln

Drilling, Matthias 2001:
Schulsozialarbeit. Antworten auf veränderte Lebenswelten
Stuttgart

Familien- und Sexualerziehungsrichtlinien Bayern vom 12. August 2002:
Richtlinien für die Familien- und Sexualerziehung in den Bayerischen Schulen
München

Fend, Helmut 2000:
Entwicklungspsychologie des Jugendalters
Opladen

Fiedler, Peter 2004:
Sexuelle Orientierung und sexuelle Abweichung
Weinheim

Freie und Hansestadt Hamburg (Amt für Bildung) 2003:
Gleichgeschlechtliche Beziehungen. Eine Handreichung für den Unterricht in den Klassen 9 und 10 der Sekundarstufe I und in der Sekundarstufe II
Hamburg

GEW (Gewerkschaft Erziehung und Wissenschaft) 2002:
Lesben und Schwule in der Schule – respektiert!? ignoriert?!
Frankfurt am Main, 2. Auflage

GEW (Gewerkschaft Erziehung und Wissenschaft) 2005:
Raus aus der Grauzone – Farbe bekennen. Lesben und Schwule in der Schule
Frankfurt am Main

GEW Baden-Württemberg (AK Lesbenpolitik der Landesfachgruppe Frauen) 2005:
Schwule und lesbische Lebensweisen – ein Thema für die Schule!
Stuttgart, 5. Auflage

Giebel, Marion 1980:
Sappho
Reinbek bei Hamburg

Hartmann, Jutta/ Holzkamp, Christine/ Lähnemann, Lela/ Meißner, Klaus/ Mücke, Detlev (Hrsg.) 1998:
Lebensformen und Sexualität. Herrschaftskritische Analysen und pädagogische Perspektiven
Bielefeld

Hurrelmann, Klaus 2007:
Lebensphase Jugend. Eine Einführung in die sozialwissenschaftliche Jugendforschung
Weinheim und München, 9. Auflage

Iconkids & youth 2002:
Szene oder klassisch oder wie? Welche Ansätze im Jugendmarketing wann Sinn machen
München

Kersten, Anne 2001:
In jeder Klasse. Schwule und lesbische Jugendliche in der Schule – Eine Studie aus den Niederlanden
Berlin, 2. Auflage

Kohlberg, Lawrence 2000:
Die Psychologie der Lebensspanne
Frankfurt am Main

LAMBDA Berlin-Brandenburg e.V. 2001:
Diskriminierung 2001. Dokumentation der gemeldeten Übergriffe gegen lesbische, schwule, bisexuelle und transgender Jugendliche
Berlin

Lautmann, Rüdiger (Hrsg.) 1993:
Homosexualität. Handbuch der Theorie- und Forschungsgeschichte
Frankfurt

Magnus-Hirschfeld-Centrum 2007:
soorum. Konzept
Hamburg

MGSFF (Ministerium für Gesundheit, Soziales, Frauen und Familie) Nordrhein-Westfalen 2004:
Mit Vielfalt umgehen. Sexuelle Orientierung und Diversity in Erziehung und Beratung
Düsseldorf

Mildenberger, Florian 2002:
Psychochirurgie im Einsatz. Schädel auf, Homosexualität raus, Schädel zu
In: lambdanachrichten, Nr.93, Wien

Plöderl, Martin 2005:
Sexuelle Orientierung, Suizidalität und psychische Gesundheit
Weinheim

Rauchfleisch, Udo 1996:
Schwule • Lesben • Bisexuelle. Lebensweisen • Vorurteile • Einsichten
Göttingen, 2. Auflage

Rauchfleisch, Udo/ Frossard, Jacqueline/ Waser, Gottfried/ Wiesendanger, Kurt/ Roth, Wolfgang 2002:
Gleich und doch anders. Psychotherapie und Beratung von Lesben, Schwulen, Bisexuellen und ihren Angehörigen
Stuttgart

Rossmann, Peter 2004:
Einführung in die Entwicklungspsychologie des Kindes- und Jugendalters
Bern

Senatorin für Arbeit, Frauen, Gesundheit, Jugend und Soziales 2004:
Homosexualität – Ein Thema für Jugendhilfe und Schule
Bremen

Senatsverwaltung für Schule, Jugend und Sport Berlin (Fachbereich für gleichgeschlechtliche Lebensweisen) 1999:
Sie liebt sie. Er liebt ihn. Eine Studie zur psychosozialen Situation junger Lesben, Schwuler und Bisexueller in Berlin
Berlin

SchG Baden-Württemberg vom 1. August 1983:
Schulgesetz für Baden-Württemberg
Stuttgart

SchG Sachsen vom 16. Juli 2004:
Schulgesetz für den Freistaat Sachsen
Dresden

Stein-Hilbers, Marlene 2000:
Sexuell werden. Sexuelle Sozialisation und Geschlechterverhältnisse
Opladen

Strauch, Barbara 2003:
Warum sie so seltsam sind. Gehirnentwicklung bei Teenagern
Berlin

Tervooren, Anja 2006:
Im Spielraum von Geschlecht und Begehren
Weinheim

Timmermanns, Stefan 2003:
Keine Angst, die beißen nicht! Evaluation schwul-lesbischer Aufklärungsprojekte in Schulen
Aachen

Weidinger, Bettina/ Kostenwein, Wolfgang/ Dörfler, Daniela 2007:
Sexualität im Beratungsgespräch mit Jugendlichen
Wien, 2. Auflage

Wiesendanger, Kurt 2001:
Schwule und Lesben in Psychotherapie, Seelsorge und Beratung
Göttingen